郦波解读中华传统智慧

郦波讲处事之道

郦波 著

GUANGXI NORMAL UNIVERSITY PRESS
广西师范大学出版社
·桂林·

LIBO JIANG CHUSHI ZHI DAO
郦波讲处事之道

出版统筹：汤文辉
品牌总监：耿　磊
选题策划：耿　磊　冬早文化
责任编辑：王芝楠
美术编辑：卜翠红
营销编辑：杜文心　钟小文
责任技编：王增元

图书在版编目（CIP）数据

郦波讲处事之道 / 郦波著．—桂林：广西师范大学出版社，2020.9
（郦波解读中华传统智慧）
ISBN 978-7-5598-3056-2

Ⅰ．①郦…　Ⅱ．①郦…　Ⅲ．①中华文化－青少年读物　Ⅳ．①K203-49

中国版本图书馆 CIP 数据核字（2020）第 134965 号

广西师范大学出版社出版发行
（广西桂林市五里店路 9 号　邮政编码：541004
网址：http://www.bbtpress.com）
出版人：黄轩庄
全国新华书店经销
保定市中画美凯印刷有限公司印刷
（河北省保定市西三环 1566 号　邮政编码：071000）
开本：880 mm × 1 240 mm　1/32
印张：6　　字数：93 千字
2020 年 9 月第 1 版　　2020 年 9 月第 1 次印刷
定价：39.80 元

写给爱读书的你

在从事中国优秀传统文化普及工作的过程中，很多朋友建议我开办一个“沧溟书院”，以便让更多的人能够通过接受系统的优秀传统文化教育，从而更加全面地了解中国文化，并获得对生命的体悟和对文化的认同。但囿于种种条件，主要是因为教职在身，在短时间内筹建这样一座书院似乎是不现实的；不仅如此，其实任何实体的书院也都会因为场地的原因而有学员人数的限制，总会让许多想进书院学习的人无法如愿。

所以，我决定先建一所没有围墙、不受空间局限的虚拟书院；今天，当你打开这套书的时候，你就成为“沧溟先生”的学友、书友。

当年，我曾经以“中华家训丛书”为题编过四本书，其实那还只是一个雏形，距离我的理想还有很大的距离。因此，接到好友夏德元的邀约为广西师范大学出版社策划一套面向青少年的传统文化读物时，我便想对原来那套书进行重新修订，并增加新的内容，以期从新的角度为当代青少年提供一个入世的门径。

“郦波解读中华传统智慧”这套书的出版，能够完成我一个心愿，也就是我一直想做的一件事——告诉读者朋友如何养成好的学习习惯，形成优雅的气质，学会与人相处，获得有价值的人生。当然，也很希望这套书能够成为父母跟孩子一起阅读的书，因为其中许多故事都发生在父辈与孩子之间，亲子共读就是最好的陪伴。

书中所讲的内容，与今天每个人面对的压力、困惑有关，而这些压力与困惑往往正是家庭所带来的。如何化解这些问题，是大家十分关心的，也希望这套书能给你实际的帮助。

要解决家庭教育和人生成长过程中的诸多问题，有各种方式；而中华传统文化中的优秀基因，就给了我们思考、解决这些问题的正确思路。从中华优秀传统中学习人生的智慧，并在人生的成长过程中结合现代科学的教育方法加以灵活运用，也是我们所期待的。

对现代人而言，尤其是对今天的青少年而言，空间高度折叠，时间空前压缩，我们要学习的知识水涨船高，要掌握的本领多多益善，时间常常显得不够用了。那么，在较小的篇幅内讲明白一些人生的大问题，并让大家有所启发，这也就是我想要在这套书中完成的任务。

我已经做好了准备，你做好准备了吗？

2020 年 6 月 1 日于石头城

目录

郦波讲处事之道

第一讲

人生最重要的能力

办事之法，以五到为要。五到者，身到、心到、眼到、手到、口到也。

——曾国藩《曾国藩家书》

对一个人来说，最重要的能力是行动能力。而对于行动能力来说，最重要的便是一个“到”字，做到的“到”，到位的“到”！

不仅要做到，还要做到位，做成功，做出成效，这就不得不提到曾国藩著名的“办事五到法”了。

曾国藩号称晚清中兴名臣之首，也是中国近代史上最后的理学大师与一代大儒。他开启了号称近代变革之始的洋务运动，对近代中国影响巨大。

那么，这样一个对工业文明一无所知的儒生为什么可以开启洋务运动呢？

答案就是他自己说的“五到之法”。

第一是眼到。

范文澜先生在《中国通史》中有一个著名的论断，他说林则徐是中国近代史上“睁开眼睛看世界的第一人”。范文澜之所以这么说，是因为林则徐是近代史上第一个组织人员翻译西方报刊与著作的人。

像英国人编撰的《世界地理大全》，林则徐翻译后取名《四洲志》，魏源就是在《四洲志》的基础上写出了著名的《海国图志》，提出了“师夷长技以制夷”的主张。晚清官场上第二个主动翻译西方科技文明著作，并在规模与质量上远超林则徐的就是曾国藩。

曾国藩在命李鸿章建江南制造局的同时，又命容闳等人在江南制造局旁边设立翻译局，专门组织人员翻译西方科学、技术与社会学名著，翻译成果十分显著。后来，不论是中国的洋务运动，还是日本的明治维新，都从翻译局所翻译的这些著作吸收了大量的营养。

第二是心到。

这也是曾国藩开辟向工业文明跨进的洋务运动超越林则徐的可贵之处。林则徐固然主动让人翻译了西方杂志与书籍，但他只是做到了眼到，却没有做到心到。他在阅读了翻译过来的诸多成果后，并没有放下身段承认西方工业文明的强大，他的内心还是充满了怀疑的。所以在第一次鸦片战争爆发前，林则徐还是认为所谓的西方文明是落后的，甚至以为用秽物就可以克制洋枪火炮。儒家传统知识分子故步自封、夜郎自大的心态在那个时代的中国，是一种普遍的存在。即使在被洋枪火炮轰开国门后，这种情况也还是没有多少改观。

曾国藩却不一样。他虽然对西方文明也所知甚少，但他愿意放下身段、放下盲目自大的心态去了解，去学习，进而承认中国文化的差距与不足。近代人数学家李善兰翻译了西方数学名著《几何原本》后九卷，请求曾国藩资助出版。曾国藩虽然对数学一窍不通，但还是一口应承下来，不仅用自己的钱为其出书，而且还为之写序。

晚清另一位思想家冯桂芬写了一本研究西方文明的《校邠庐抗议》，第一次提出了“中体西用”的主张，也想请当时的“文坛盟主”曾国藩为之写序。

曾国藩此前与冯桂芬并无交往，但对此书反复研读后，对冯桂芬大为推崇。正是这种理解与共鸣，这种心到与追求，才感召了中国近代史上一大批最杰出的科学家与社会学家聚集在曾国藩的周围，成为他开启洋务运动的决定性力量。

第三是身到。

曾国藩作为洋务运动的早期领导者，不仅全程指导了洋务派早期工业化设施的兴建，还每天抽出时间，亲自到厂房与工地，与技术人员一起探讨与谋划。在自己不懂的技术领域，他虽然搭不上话，但也会为工程师们摇旗呐喊，加油鼓劲。

要建工厂就要有生产机械。他忙于战事不能走开，便委托中国“留学生之父”容闳代自己前往北美考察，并在美国购买机械。容闳受曾国藩“徐图自强”的精神所感动，不辞劳苦，万里奔波，终于为曾国藩买来机械，为洋务派建立有里程碑意义的江南制造局立下了汗马功劳。

所以，从某种意义上说，容闳的“身到”其实也就是曾国藩的“身到”。

第四是手到。

一开始，以慈禧太后为代表的腐朽势力并不同意曾国藩兴建工厂的计划，他们甚至认为“建船不如买船快”。但曾国藩坚持己见，坚定地认为买船固然快捷，但自己动手建船才是根本之道。

他认为一个民族想要自强，终究不能靠别人的施舍，要自己动手从头学起、从点滴做起，这才是真正的自强之道。他建议买来西方的铁甲战舰后，组织工程技术人员学习、模仿，研究西方的造船技术。他坚信凭着中国人的聪明才智，只要肯动手，最后一定能学会并超越西方人的所谓现代科技。事实上，中国近现代的工业发展与科技发展，正是按照曾国藩预想的思路进行着的。

第五是口到。

儒家讲究谨言慎行，曾国藩作为大儒也主张要“戒多言”，所以他所说的“口到”并不是日常生活中的多嘴多舌，而是指在事业的发展过程中，一个组织、一个团队的领导者，对所有的组织成员、团队成员履行教育与培训的义务。

同时，领导者自己也要多学，多问，多沟通，多交流，这样，一个人的事业才会成为大家共同的事业，一个人的理想才会成为大家共同的信仰。有着人们共同的理想与信仰支撑，这样的“所办之事”，才是有社会价值与历史意义的大事业。正是因为口到，曾国藩成为近代史上第一个在团队与组织中开展内部培训与共同教育的人，他所开辟的洋务运动也因此成为一代人的伟业。

最后，还要强调的一点是，曾国藩论办事之法，既然提到身到，又反复再说口到、手到、眼到、心到，其实更深刻的意蕴是做事情一定要全身心地投入。不论大事小事，不论成功与否，只有全身心的投入，才是做到，才是到位，才是“办事之法”的最高境界！！

沧溟先生如是说

事实上，你做事情的时候，事情也在“造就”你。你投入得越多，你从做事中得到的回报也就越多。

所以，做事情的最高境界是全身心的投入，这时最大的回报已不只是事情的成功，而是获得人生智慧与创造价值后的巨大愉悦。

第二讲

在不断地改错中成长

虑恒患不能远，改过患不能勇，临事患不能辨。

——方孝孺《家人箴》

对于做事，曾国藩家训中有著名的“办事五到法”，是说做事情时应该做到的五个方面，而明代大儒方孝孺的家训中则有著名的“做事三患说”，是说做事情时应该戒除、戒备，乃至自我警戒。

曾国藩的“五到法”的本质是讲实践，以求全身心地投入，特别具有空间感，而方孝孺的“三患说”则是就做事情的过程而言，更具有时间感。

“虑恒患不能远”，是说做事前，要谋定而后动，要戒除没眼光、没远见的短识行为。“改过患不能勇”，是说事情结束之后，要善于总结经验、吸取教训，要戒除没反思、没改过勇气的恶习。“临事患不能辨”，是说做事情的过程中，要头脑清醒有理智，要戒除没分析、没判断的盲目行为。

事实上，要完全戒除这三患，说起来容易，做起来也确实有点难。就算是很多取得了大成就的人，也很难完全做到。

比如杰出华人李嘉诚，当初也只能做到其中一点。

李嘉诚的长江实业如今已成为一个巨大的产业帝国，业务遍及全球，行业涉及电信、能源、基建、航运、机械等数十个领域。可在最初的时候，长江实业只是一个生产塑胶产品的小工厂。

之所以会选择生产塑胶产品，是因为李嘉诚曾在一家塑胶企业从底层做起，从技术到销售到企业经理，他几乎做了个遍。后来他跳槽出来向银行贷款另立门户，当然选择最熟悉的行业入手。

因为李嘉诚有丰富的经验，再加之他全身心地投入，长江实业生产出来的产品价格低廉，找准了市场空白，一下子变得供不应求，市场销路也非常好。可是，初尝了成功的喜悦没多久，李嘉诚的长江实业就迎来了第一次巨大的危机。而这个危机的产生，正是因为他自己的“虑恒患不能远”。

李嘉诚出于销售的考虑，一味地追求价格低廉与控制成本，所以使用的生产机器大多不是一流设备，工人也大多不是熟练的技工。这样一来，成本固然可以控制下来，价格固然能做到低廉，产品销量固然可喜，可产品质量却存在着巨大的隐患。没多久，李嘉诚就为自己重数量而不重质量的行为付出了惨重的代价。

先是客户纷纷退货，导致产品积压，然后上游企业催逼货款，银行也上门催逼还贷。

李嘉诚没想到创业如此艰难，一时间竟然陷入如此巨大的困境中。那一段时间，他被逼无奈，只得下狠心裁员，并经常把工人骂得一无是处，让追随他一起创业的很多人都寒了心。

当时的李嘉诚，让情绪替代了理智，正是“临事患不能辨”的典型表现。

一天，李嘉诚疲惫地从厂里回到家。因他平常住在工厂，很少回家，所以母亲看到他一脸愁容，便把他找来聊天。

母亲并不问他遇到了什么困难，只是拉家常似的跟他说起一个故事：“当年潮州城外有座禅寺，庙里的住持叫云寂禅师。有一年，云寂感觉自己身体不佳，就拿来两袋种子分别交给两个弟子，并对他们说，根据他们来年的收成决定由谁来继承自己的衣钵。过了一年，大弟子挑着满满一担粮食来到师父面前，说自己辛苦劳作了一年，总算不负师父的期望。师父看了，笑着点点头。过了一会儿，二弟子也来了，却两手空空，愁眉苦脸。二弟子说，弟子实在愚钝，辜负了您的厚望，我虽然努力地耕作，却竟然颗粒无收！”

说到这儿，母亲突然问李嘉诚：“你说，云寂该把衣钵传给谁呢？”

“当然是大弟子。”李嘉诚回答说。

“不，”母亲轻轻地摇摇头，对李嘉诚说：“云寂禅师最终把住持的位置传给了二弟子。因为他交给两个弟子的种子都是煮过的。”

“孩子，”母亲停顿片刻，看着若有所思的李嘉诚又接着说：“不论生命中遇到怎样的挫折与困难，做人都要诚实，要守住根本，要有面对现实的勇气与坚持。”

听了母亲的故事，李嘉诚豁然开朗，他不再一筹莫展，而是满怀信心地回到厂里。

他先是向所有员工坦承企业的危机主要是自己的过错造

成的，并保证一旦有转机，离开的员工随时都可以再回来，希望大家与他一起共渡难关。然后，他向客户坦承自己的短识与错误，并保证一定提高产品的质量。最后他再向银行说明现状，并提出改变企业现状的设想。

李嘉诚坦诚的胸怀与改过的勇气最终感动了所有人，银行与客户也宽容地支持他。李嘉诚把积压的产品分类，属于正品的亲自和员工们一起走街串巷地叫卖，属于次品的则坚决销毁。资金回笼后，他升级设备，培训工人，终于使得长江实业从破产的边缘起死回生，从此走上了良性发展之路。

后来，李嘉诚经常回忆这段经历，认为是母亲的智慧成就了他后来的人生。

其实，从做事的角度看，李嘉诚虽然犯了方孝孺所说的“做事三患”中的两患，但好在他改过能勇，所以能在挫折中奋起，在磨砺中前行。

没有人生下来就是天才，人们总是要在不断的试错、改错中才能找到正确的人生方向。

如果你做事时，虑恒还不能远，临事尚不能辨，那么，你就一定要像李嘉诚那样，改过不能不勇，只有这样，你才能渐渐成熟，渐渐做到——虑恒能远，临事能辨，改过能勇。如此，人生则无患矣！

沧溟先生如是说

没有人生下来就是天才，人们总是要在不断试错、改错中才能找到人生正确的方向，所以做事首先要学会反思与总结。

不断的反思能帮助一个人迅速地成长。渐渐地，人们就会做到做事前不再没眼光，没远见；做事时不再没分析，没判断；做事后不再没积淀，没有成就感。

第三讲

专注的力量

应事以精，不畏不成形；造物以神，不患不为器。

——徐媛《训子书》

同样做一件事，有的人投入的只是时间，有的人投入的却是精神与心血，这就是平庸与卓越的本质区别。

17世纪的荷兰，有一个看上去极其平庸的人，他的名字叫列文·虎克。

说他平庸，是因为他连小学都没毕业。因为家庭贫困，小列文只读了两年书就辍学了。开始的时候，列文·虎克去给人当学徒，过了几年，当他渐渐长大后，他谨慎地选择了一个奇特的职业。

之所以说这是一个奇特的职业，是因为这绝不是一个二十岁左右的年轻人喜欢的职业——荷兰代尔夫特市政厅的看门人。

看门人的收入微薄，仅够维持生活，虽说十分清闲，却被人看不起，所以年轻人更是不愿从事这样的工作。那么，年轻的列文为什么甘愿当一个看门人呢？

这源于他的一个偶然诞生的爱好与发现。

一次，列文·虎克经过一个眼镜店。这个店里不仅卖眼镜，还卖放大镜。这是列文·虎克第一次看到放大镜，他觉得这个东西非常有意思，把玩了半天，爱不释手。

他很想买一个，可是一问价钱，却发现价格贵得离谱，只得放弃购买的欲望。当他正要转身离开时，却意外地发现店里的老师傅正在磨制一个放大镜。列文·虎克安静地驻足在旁边，仔细地观察了半天。他发现磨制放大镜最关键的功夫就是耐心与细心。

列文·虎克心想，我为什么不能自己动手磨制一个呢？只要有耐心，够细心，我也一定行！

于是，列文·虎克立刻付诸行动，他回去后便努力地磨制自己的放大镜。功夫不负有心人，列文很快就磨制出了自己的放大镜。他发现自己磨制的放大镜并不比店里卖的差，这让他更有信心了。

初步的成功也让列文·虎克一下爱上了磨制放大镜这件

事。他想来想去，要想磨制出更好的放大镜，一定要有足够安静的时间与空间，这就需要一个既少被人打扰，又能勉强维持温饱的职业，于是，为了自己的这个奇特的爱好，他选择了去做一个看门人。

市政厅看门的工作果然清闲，这样一来，列文·虎克就有了足够的时间来磨制自己的镜片。因为热爱，因为全力以赴，还因为安静的生活环境，列文·虎克在磨制镜片的过程中虽有失败，但他终于在一次次失败中超越了自己，磨制出了放大倍数远胜于同时代其他人的放大镜。

列文·虎克并不只是单纯地喜欢磨镜片，他还喜欢用自己磨制出的放大镜来观察生活中的一切事物。

为了方便观察，他反复琢磨，在透镜的下面装上一个小铜板，并在铜板上面钻出一个小孔，让光线从孔中射入并反照出所观察的事物。这个小小的改进，却使得人类文明前进了一大步，从此，人类历史上第一台显微镜诞生了。

通过自己磨制的镜片，通过自己设计的显微镜，渐渐地，列文·虎克发现了一个不为人所知的丰富世界。

他看到了蜜蜂螯针上的细孔，他看到了蚊虫腿上的细毛，他看到了甲虫翅膜间的缝隙……

列文·虎克想要看到更微小的景观。他不断地提高透镜的放大倍数，并不断地改进显微镜的构造。于是，他进一步看到了细菌，看到了精子，看到了微生物……

列文·虎克完全被这个神奇的微观世界吸引了。到后来，为了全身心地投入到他热爱的生活里去，他甚至义无反顾地辞去了看门人的工作。

几十年如一日的磨制与观察，让列文·虎克积累了大量的研究数据。

在朋友的建议下，他把这些研究成果寄给了当时科学界最为权威的英国皇家学会。英国皇家学会的科学家们收到列文·虎克的来信时，有些人连看也没看便忍不住发笑，笑一个市政厅的看门人居然也寄来研究报告，而这样的人又能研究出什么来呢？

可是，当他们读完报告的时候，他们震惊了，他们羞愧了，他们完全折服了。在列文·虎克所发现的世界面前，他们被震慑的表情就像一群孩子一样。

后来，英国皇家学会邀请列文·虎克成为这一当时科学界顶尖组织的正式会员，并授予他崇高的荣誉，还不断请求列文能将自己磨制、设计的显微镜赠送给学会。当他年老的时候，他被英国皇家学会尊称为荣誉会员，荷兰女王甚至亲自到他住的小镇去拜访他。

不过，列文·虎克并没有被荣誉冲昏头脑，他关心的不是功成名就，他关心的只是他的显微镜与观察成果。他继续磨制出更高水平的镜片。

在临终前，他把这些处于当时世界上最顶尖水平的显微镜一起赠予了英国皇家学会。

列文·虎克一生共磨制了五百多个镜片，制造了四百多种显微镜。在他晚年的时候，有一次他破例接受了记者的采访。

记者问他："列文·虎克先生，您成功的秘诀是什么？"

一向沉默寡言的列文·虎克和往常一样，没有说话，他只是平静地把两只因长年磨镜而布满老茧和裂纹的粗糙的大手竖在记者的面前。这就是最好的答案——用一生的时光，用全部的心血，却只做一件简单的事！只要投入，只要坚持，就能把简单做到纯粹，把简单做到极致！

所以，“应事以精”“造物以神”，投入精神与心血，便会产生不可思议的专注的力量！

沧溟先生如是说

人这一辈子，看上去很长，其实又很短；看上去可以做很多事，其实真要做成、做好几件事却又很难。

所以，我们要学会取舍，要在自己热爱的领域，找到人生努力的方向，然后投入全部的心血，专注以精神，持之以恒心。这样，把简单做到纯粹，就能把简单做到极致！人生因此自有辉煌。

第四讲

让任务来逼迫自己

天下事无所为而成者极少，
有所贪、有所利而成者居其半，
有所激、有所逼而成者居其半。

——曾国藩《曾国藩家书》

中国人有句古话，叫“时势造英雄”。

这是说那些让历史风云突变的英雄人物之所以能够成为英雄，很多时候，也不过是环境所迫，是时势与机遇造就了他们；而他们胜于常人的地方，就在于能够顺应时势，抓住机遇，从而变环境的逼迫为前进的激励，最终书写不一般的辉煌人生。

所以，当环境与任务来逼迫你的时候，不要埋怨，说不定这就是一次绝地反击的机遇。

这个道理，作为父亲的曾国藩就反复对他那个杰出的儿子曾纪泽说过。

一次，年轻的曾纪泽意外地得到了一个“机会”，但这个所谓的“机会”却逼得才华出众的曾纪泽连连“后退”。

当时的曾纪泽刚刚二十出头，因为家学渊源，他写得一手好字和好文章。虽然科举考试没能如愿，但他的文章与才气在湖南老家却已经是小有名气了。再加上他的父亲曾国藩是一代大儒，所以年轻的曾纪泽虽然自己十分谦虚谨慎，但在同学与当地乡亲的眼中，却是年轻一辈中最为杰出的人才之一。

刚好地方乡绅要重修地方志，于是，经过当地乡贤的集体讨论与推荐，当地县令亲自找上门来，想邀请年轻的曾纪泽来主持修撰地方志的工作。

这在当时，绝对是个“天大”的机会。因为能够参加地方志的修撰，在古代是一种巨大的荣誉，是古代社会对一个儒家知识分子最高的认可。一般情况下，参加地方志修撰的人都是当地的名宿硕儒，不仅要才高八斗，还要德高望重，很少有年轻人能跻身这一行列。曾纪泽不过二十出头，就能参加地方志的修撰，当然是天大的好事。

可是曾纪泽却退却了。

他还太年轻了，显然没有想到自己能获得这样的殊荣。但他的退却并非因为这一机会带来的羞涩与慌乱。

他之所以退却并最终拒绝了县令的邀请是因为两个原因，

一是他认为自己的才学还没有到这一步，恐怕难以胜任这项工作；第二个更重要的原因是，他认为当地乡贤之所以推荐他，县令之所以邀请他，是因为他是曾国藩的儿子，是当地大族曾家的长公子，而曾国藩又是一代大儒、朝廷重臣。这种因为“拼爹”而带来的所谓“机会”是年轻的曾纪泽不能接受的。

出乎所有人的意料，因为曾纪泽的“退却”，事情竟因此耽搁了下来。就在这时，远在千里之外领兵作战的父亲及时地写回了一封家书。

作为父亲，曾国藩实在是非常称职，他虽然日理万机，更远在千里之外，但他时刻关心家中子弟的成长，对孩子的一举一动也都能了如指掌。当他听闻曾纪泽拒绝了编撰地方志的邀请后，第一时间在战火纷飞的前线给儿子写了封“抵万金”的“家书”。

曾国藩在信里首先肯定了儿子的志气，对于他不肯沾光而要凭自己的才学来追求人生价值的决定表示欣赏。但曾国藩话锋一转，指出儿子因此要放弃地方志的编撰机会，这种“退却”却是非常不应该的。

曾国藩为儿子分析说，天下人做事情时总是想多一事不如少一事，其实这种想法实在是错误的。因为怕事、躲事、推却事情，所以国人往往贪图安逸，日趋保守，国家也才渐渐变得落后。相比较于当时先进的西方列强，中国的落后正表现在闭关锁国、保守安逸和缺乏行动力上。

这是从国家的角度上来说。即使是从个人的角度来说，也是这样。

很多知识分子鄙薄名利，对人性的贪婪更是嗤之以鼻，但他们往往忽视了一点，那就是对名利的追求也是人的本性之一。正是因为每个人都或多或少有着这样的追求，大家才有了行动的力量，文明也才有了发展的动力。

除了主动的追求，成事的另一个因素可能就是事情与环境的逼迫。

比如曾纪泽所面对的编撰地方志一事。这件事本身可能确实如他所想，有一些额外的因素，但这件事本身却是一件有价值、有意义的好事。如果他因为怕有“拼爹”的嫌疑而退却，这就是因小失大；如果他是因为对自己的才学没有信心而退却，这就让他丧失了一次学习与提升自我的机会。

人生如学习一样，本来就是逆水行舟，所谓“狭路相逢勇者胜”，如此艰巨而富有挑战性的任务，不正是一次让自己学习、进步的机会吗？

“天下事无所为而成者极少，有所贪、有所利而成者居其半，有所激、有所逼而成者居其半。”这就是说，世界上能成就一番事业的人中，无欲无求者少之又少，少到几乎可以忽略不计。

那么，到底在什么情况下能成事呢？因为受名利的诱惑而努力实现的占一半，因为形势所逼或受外在因素的激励而成就者占一半。

读了父亲的来信，曾纪泽豁然开朗，明白了自己的顾虑反而是落了下乘，真正的人生不仅要勇于直面坎坷与逆境，更要勇于直面名利与机会，不要太在乎琐碎的旁枝末节，而要把握要害，然后努力实践、行动，这才是人生不断前行的动力所在。

年轻的曾纪泽终于放下了心头的包袱，接受了地方志的编撰任务。

后来面对各种各样的人生选择时，他也再无退缩，即使一个人拖着病休跑到圣彼得堡与沙俄谈判，即使冒着生命的危险与各种险恶的人周旋，也平淡自如，从不言艰难。最终他虎口拔牙，硬是从俄国人手中要回了伊犁，被称为中国近代史上最杰出的外交奇才。那时孤身奋斗的曾纪泽，也一定还记得父亲那句“天下事有所激、有所逼而成者居其半”的名言吧。

沧溟先生如是说

“宝剑锋从磨砺出，梅花香自苦寒来”，“苦寒”大多指的是困境与逆境，而“磨砺”除了指困境与逆境外，还包括窘境。

窘境没有那么艰难，却很容易让人躲避与退让，尤其是面对有难度、有挑战的任务与事情时，这种窘迫心理越发明显。

其实，这恰恰也是人生的机会，让事情与任务不断地来逼迫自己，人生这把“宝剑”才会磨砺出真正的“锋芒”。

第五讲

眼光与行动能力是两回事

凡办事者，曰才，曰智。智者，
识见之谓也。才者，本领之谓也。

——李绿园《家训谆言》

人才，最好是德才兼备。做事，必须是才智兼备。

李绿园在家训里说的“智”是指智慧，尤其是指临事的判断与见识，也就是我们日常生活中常说的“眼光”如何；“才”是指本领，也就是做事的方法，实践中的执行与变通，即知行合一的能力。

这两者中，看上去有“才”容易，有“智”难；但实际上，有“智”容易，有“才”难。

比如马谡，因为才华横溢，遇事每有创见，所以备受诸葛亮的赏识。但刘备却曾对诸葛亮说，马谡这个人“言过其实，不可大用”。

刘备说马谡“言过其实”，“言”说的便是马谡的识见，而“实”则说的是马谡的行动能力。刘备判断马谡“不可大用”

的关键就在于他不能做到知行合一，才智兼备。

刘备死后，诸葛亮六出祁山。在关键的一场战役中，马谡出场，完全验证了刘备的预言。

当时，诸葛亮率十万蜀军北伐曹魏，令马谡为前锋，镇守战略要地街亭，并千叮万嘱，指出街亭虽小，关系重大，街亭若失，全军必败。甚至，诸葛亮还明确告知行军战术，要马谡依山傍水安营扎寨，千万小心谨慎，不可冒险。

诸葛亮之所以要把如此重要的任务交给当时只是参军的马谡，是因为识见确实超群的马谡，一直都是诸葛亮重要的心腹，二人实际上有着师生之谊。

诸葛亮在北伐中原之前，先期平定南方的叛乱，用的就是马谡提出的“攻心为上”的策略，以至七擒孟获，真正实现了大后方的和平稳定。马谡虽然年轻，但眼光了得，让诸葛亮十分欣赏。但是，眼光与行动能力却是两回事，在这一点上诸葛亮对马谡的认识反倒不如刘备。

马谡终于有机会从纸上谈兵跨入领兵亲征，不免志得意满，雄心万丈。

到了街亭之后，他完全忘记了诸葛亮的叮嘱，让出街亭大道，扎营在高山之上。魏军一来，立刻将蜀军团团围住。马谡的打算可谓一厢情愿，他以为蜀军被围，别无出路，在这种绝境下，魏军爬山仰攻，蜀军拼死俯冲，定可一战而胜，这就是兵法上常说的“置之死地而后生”。

哪知道这只是书呆子的一厢情愿，魏军并不强攻，只是将蜀军死死围住。因为没有依山靠水扎营，而山上又无水源，被围困了一段时间后，蜀军人心涣散，饥渴难耐，很快就完全丧失了斗志。

在这种情况下，马谡不得已选择突围，却已无路可退，终于被魏军杀得大败，一战而失街亭要地。这就是历史上著名的“大意失街亭”。

因为“大意失街亭”，所以才有了诸葛亮“挥泪斩马谡”。诸葛亮之所以“挥泪”，正是因为他没有听刘备的遗言，为自己不能认识到马谡言过其实、才智不符而后悔。

历史总是惊人的相似。到了晚清，又有一出非常类似的“大意失街亭”与“挥泪斩马谡”。

当时曾国藩手下有一位著名的谋士，名叫李元度。李元度年少成名，才华横溢。作为曾国藩重要的幕僚，他待曾国藩如师长，曾经向曾国藩提出很多真知灼见。而对于李元度，曾国藩向来从善如流，十分信任。

一次，太平军突袭徽州，湘军腹背受敌。徽州一失，曾国藩的大本营将陷入重重围困。巧的是，当时曾国藩手下大将纷纷外出，派谁去守徽州这处重镇，一下子成了困扰曾国藩的难题。这时，身为文官幕僚的李元度主动请缨，要求领兵出征徽州。

曾国藩十分犹豫，他大概也想起了马谡的故事，知道和马谡一样的李元度擅长出谋划策，却未必适合领兵实战。但李元度并不认为自己智有余而才不足，在他的请求下，曾国藩终于下了冒险一试的决心。

可曾国藩还是不放心，他也如当年诸葛亮一样，将具体战法向李元度一一作了交代。

他先是明确要求李元度以守城而非出战为最高原则，又强调湘军不可出城沿河安营扎寨，最后还说出了马谡失街亭的典故，暗示李元度一定要以前人为鉴，千万不可重蹈覆辙，毁掉一世英名。

李元度满口答应，但一离开军营便将曾国藩的叮嘱尽数抛之脑后，他看不到自己智识有余、才干不足的缺点，以为此次独自抗敌，正是自己一展身手的大好时机。

李元度率兵赶到徽州后，大开城门，准备诱敌深入作战，并让湘军不必进城，只需在城外沿河扎营，这样随时保持出战状态，只要太平军一到，则可迎头痛击，想来定可一战而胜。

太平军发现湘军出城扎营，一副急切邀战的姿态，便用轻兵来引诱湘军决战。李元度果然经不起诱惑，全军出城应战。小股太平军一触即溃，李元度乘胜追击，却不料陷入太平军主力的埋伏圈，被杀得大败。这时湘军紧急回撤，妄图倚城抵抗，却因为城外军营扎得松散，根本无法有效抵挡太平军的追击，只得继续回撤到徽州城内，最终太平军一举攻占徽州城。

后来，李元度只身逃回。曾国藩面对这个自己曾经最喜欢的学生，也不得不“挥泪斩马谡”，并感慨前有马谡之鉴，自己却不能以史为鉴，还是错用了李元度，可见识人、用人之难！

其实，不是诸葛亮与曾国藩识人、用人难，而是处世做事才智俱得实为不易。一般而言，行动能力强的人未必有眼光；而关键时刻，有识见的人又往往不能知行合一。所以，“行事难，难于上青天！”古人所谓“书生误国”，说的也往往是这个道理。

沧溟先生如是说

人才，最好是德才兼备；做事，最好是才智兼备。才是行动力，智是眼光与判断。

李绿园的家训名言告诉我们，要办成事，才能和智慧二者缺一不可。因此，就个人而言，如果长于行动，那么就应该多注重学习；如果长于知识，那么就应该多注重实践。知行合一，才是成就大事的根本能力。

第六讲

细节决定成败

不可于不经意事掉以轻心，慈祥亦须到底，不能于不惬意人出以辣手。

——林纾《示儿书》

现代管理学有句名言，叫“细节决定成败”。这句话在现代社会，已经是尽人皆知了，但一般人们对这句话的理解，只把重点放在行动的细节上。

其实，中国古代家训中有“不可于不经意事掉以轻心，不能于不惬意人出以辣手”的名言，这样的教诲则更为深刻，更为全面。

“不经意处”是行动，是处事；而“不惬意人”则是人事，是处世。相较于处事上的细节上的注意，更注重了处世这样人事方面细节的把控。它提醒我们，处事和处世都是必须关注的细节，都是影响成败的关键。这个道理古今中外皆然。下面三个故事，可以很好地说明这个道理。

一个是英国的马夫。

1485 年，亨利·都铎起兵叛乱，英王理查三世率大军亲征，在博斯沃思平原与亨利决战。理查三世的兵力是亨利的两倍，况且又是以天下之名征伐诸侯，可以说是胜券在握，气势如虹。

到了决战的前夜，理查三世激励全军将士，务必在第二天的决战中一举平叛，用一场彻底的胜利来恢复国家的荣誉，并为此前死难的将士复仇。国王的演讲激励了将士们，人人摩拳擦掌，怀着必胜之心。

准备完毕，理查三世严令自己的马夫，让他务必于战前换好马掌，伺候好战马，否则要他好看。紧张的马夫赶紧牵了国王的战马去找铁匠钉马掌，铁匠却摊摊手说："不巧，铁片刚好没了。"

"我管不了那么多，钉不好马掌，国王会要你好看！"马夫恶狠狠地说。

铁匠无奈，只好拆了其他的铁片，打成马掌固定在马蹄上。钉马掌的时候，钉到最后一个还差一个钉子。铁匠又无可奈何地说："没办法，钉子不够了，您得等我打几根钉子出来再钉。"

"我告诉你我可等不及了，要是耽误了事，你可要倒大霉的！"马夫恶狠狠地威胁。

“那只好拆其他的钉子来固定这只马掌了。”铁匠无可奈何地说。

“快点，只要不掉下来就行。”马夫实在不耐烦了。

于是，在马夫的催促下，铁匠勉强固定了最后一只马掌。

第二天，决战开始了。英勇的国王策马奔驰，身先士卒，杀向敌阵。

在国王的带领下，平叛大军如洪流一般向敌军冲去。突然，意外发生了，一只马掌脱落了下来，国王胯下的战马跌倒在地，国王也被摔到马下。紧接着，受惊的战马逃离了战场，只剩下愤怒的国王站在原地挥舞着宝剑呐喊：“一匹战马！一匹战马！我愿意用我的王国来换一匹战马！”

最终国王被俘，叛军大胜，一个马夫、一只马掌彻底改变了英国的历史。

至今，英格兰还流传着这样的民谣：“少了一枚铁钉，掉了一只马掌！掉了一只马掌，丢了一匹战马！丢了一匹战马，败了一场战争！败了一场战争，丢了一个国家！”

还有两个马车夫，他们都来自中国。

公元前607年，郑国攻打宋国，宋国派大将华元领兵，在边境与郑军决战。华元是宋国的名将，曾经以弱胜强，率军逼退强大的楚国。

当时楚国称霸天下，连老牌的强国晋国都忌惮楚国，华元因此而声名大震，名闻天下。

因此，与实力远不如楚国的郑国交战，宋军上下信心满满，华元本人更是踌躇满志，以为定可一战而胜。于是，他在决战之前宰杀牛羊犒赏三军，希望激励士兵，一战克敌。可是他忽略了一个细节——羊羹不够，也忽略了一个身份低微的人——他的马车夫。

因为马车夫地位低微，所以没能在战前喝到犒赏三军的羊羹。这个地位卑贱的马车夫心中愤愤不平，可是连他的不平都卑贱得没有人注意。华元作为宋国的英雄，高高在上的三军统帅，更不会注意到一个马车夫的不满。

可是，这个疏忽却是致命的。

决战开始了，在众人还没有明白过来是怎么回事的时候，马车夫赶着华元的战车，载着这位不可一世的三军统帅，直接投奔了敌营。仗刚开始打，宋军的元帅就已经成了敌人的俘虏，宋国不战而败。

后来，华元做了六年的俘虏。在这六年里，不知道他有没有后悔过，自己疏忽了一碗羊羹，疏忽了一个心怀怨怼的马车夫。

还有一个马车夫，是著名的农民起义领袖陈胜的马车夫。

陈胜、吴广领导的大泽乡农民起义，掀起了中国两千年封建历史上人民反抗暴政的起义风潮。那句“王侯将相，宁有种乎？”至今依然振聋发聩。

可是，作为起义领袖的陈胜刚开始还能平易近人，后来成为“陈胜王”的陈胜，却渐渐地趾高气扬起来。他的马车夫经常受到他的呵斥，渐渐心怀不满，后来在与秦军决战的关键时刻，竟突起发难，不仅临阵倒戈，而且亲手害死了陈胜这位曾经改变了历史潮流的英雄。

这三个人是三个小人物，在国王、名将与英雄面前，只不过是彻头彻尾的“不惬意人”，而一只马掌、一碗羊羹与几句呵斥在国王、名将与英雄看来，实在算不得什么。但是，正是马掌、羊羹与呵斥，正是三个卑微的“不惬意人”，决定了国王、名将与英雄的命运，也决定了国家、民族与历史的走向。

由此看来，于不经意处留心，于不惬意人慈祥，这样的家训，真是千古至理名言！

沧溟先生如是说

细节为什么会决定成败呢？

这是因为处事与处世的过程中，细节往往会引发连锁反应。它们会像多米诺骨牌中的第一张牌，偶一改变，便引发整个系统的变化。当然，细节处理得好，引发的就是良性变化；细节处理得不好，引发的就是恶性变化。不注重细节的人，不可能等来良性变化，而只能陷入恶性循环。

第七讲

再思而后行

言思乃出，行详乃动，皆用情实道理，违斯败矣。

—— 王修《诫子书》

中国人喜欢说一句话，叫“三思而后行”，认为这体现了中国人谨慎踏实的处事风格。其实，这完全是个误解。许多时候，“三思”要么是多余的，要么只是假大空地装装样子。真正做事的时候，“两思”就够了。

首先，不思而行肯定是错的，所在早在三国时期王修的《诫子书》里，就有了“言思乃出，行详乃动”的名言。

我们知道，孔子有一个杰出的学生，叫子路。

子路只比孔子小九岁，是孔门的大弟子。子路武艺超群，力能搏虎，是个非常冲动的人。一次课后，直爽的子路问孔子：“先生说的这些仁义之道，很让人向往！我听了这些好的道理，是不是应该马上就去实行呢？”

孔子摇摇头说：“你有父亲兄长在，怎么能听到些什么就立刻照着去做呢？”

子路离开后，另一个学生冉有也来问了同样的问题，孔子却点点头说：“是啊，应该听到后立刻就去实行！”

一直站在旁边的公西华糊涂了，他不解地问孔子：“老师，为什么同样的问题，您回答子路和冉有却完全相反呢？”

孔老师神秘地笑笑说：“子路性子急躁、冲动，又好勇尚武，这样说是让他行动前多思考，谋定而后动；而冉有性格犹豫，为人懦弱，这样说是要激发他的勇气。”

这就是孔子著名的因材施教之法。

对于子路，他鼓励其多学习、多思考，包括说话表达，都要思考在前，更不用说行为举止了。这种教育的过程很漫长，但我们从子路跟随孔子学习的全过程中，就可以清楚地看出这种教育的成效。

刚开始时子路说话很冲，行事很鲁莽，后来虽然看上去还是那么直爽，但他的行为都符合规矩，体现了执着的人生追求和道德取向。

至于对冉有的教育，就完全可以看出孔子根本不是泛泛地提倡什么“三思而后行”。

一次，有人说到智者季文子的事迹，说季文子为人谨慎，做事总是三思而后行，孔子听后笑笑说：“再，斯可矣！”意思是，想那么多干什么呢？不要什么三思而后行，两次就足够了！“再”，是第二次的意思。如果说季文子的名言是“三思而后行”，那么孔子的名言就应该是“再思而后行”。

事实上也确实是这样，做事之法，固然要思虑在先，谋定而后动，但如果想来想去，举棋不定，就容易养成畏首畏尾的毛病。这样一来，行动力就会大打折扣，而丧失了行动力与实践精神，不论是个人还是社会，乃至整个人类文明，都将彻底丧失前行的动力。

除此之外，打着“三思而后行”的旗号，去搞阴谋诡计，去玩阴招，去干见不得人的事情，则更是所谓“三思”文化产生的毒瘤与恶果。

唐代的奸臣武三思就是明证。武三思自诩三思而后行，却向来喜欢玩阴谋诡计，是一个十足的小人。他最终害人反害己，在盘算与犹豫中，被人手起刀落，断送了性命。这样的“三思”，徒然做了历史的笑柄。

所以，做事之法，固然要思在言先，知在行前，但更重要的是要勇于实践，知行合一。也就是——做，别怕错！快做，别磨蹭！专心做，别马虎！边想边做，动脑筋！

因为——我们不做，谁来做？现在不做，何时做？

沧溟先生如是说

中国传统文化有时候有点老谋深算的味道，于是总主张三思而后行。

想好再说，谋定而动，这固然重要，但考虑得太多，犹豫不决，并因此而缺乏行动力与实践精神，却大可不必。

所以不要做什么都三思而后行，尤其是年轻人，想那么多干什么，做就是了！

第八讲

团队的力量

列宿腾天，助阴光之夕照；百川决地，添溟渤之深源。海月之深朗，犹假物而为大……不资众力，何以成功？

——李世民《帝范》

“一个篱笆三根桩，一个好汉三个帮。”这句民间俗语说得形象、生动，但还是唐太宗的那句家训名言“不资众力，何以成功”，把其中的道理说得更简练、更透彻。

行动是讲究效率的，做事更是要讲求成效的。既然做了，谁不想获取成功呢？但双拳难敌四手，孤家寡人难以敌众。众人拾柴火焰高。想做大事，想要成功，不借助众人之力，不借助团队之力，那是不现实的。

这个道理，最典型的例证并不是来自人类社会，而是来自大自然。

在非洲草原上，如果你看到一群羚羊在逃命，后面一定有豹子在追它们；如果有一群豹子在逃命，后面一定有狮子在追它们；如果有一群狮子在逃命，后面一定有大象在追它们；但如果有一群大象在逃命，后面会是谁在追它们呢？

答案出人意料，不是更为庞大与凶猛的野兽，而是小小的蚂蚁。

为什么蚂蚁会让大象恐惧而逃窜呢？

因为，一只蚂蚁不足以让人畏惧，由无数只蚂蚁组成的蚂蚁军团则实在是自然界最为恐怖、最让人畏惧的团体之一。

蚂蚁从不依赖单只蚂蚁的力量，它们总是发挥群体的力量，甚至为了群体，不惜牺牲个体的一切乃至生命。

有一位作家曾经感慨地记下一次森林大火中的见闻。山坡上的蚁群已经被火圈团团围住了，眼看着这群蚂蚁必将无一幸免。

可是，就在火势还没有殃及核心的时候，所有蚂蚁仿佛心有灵犀一般，不约而同地聚拢在一起，你抱着我，我抱着你，没有一只蚂蚁落下，接下来便是见证奇迹的时刻——所有的蚂蚁抱成一团，沿着山坡，向着熊熊燃烧的火圈，义无反顾地滚了下去！

毫无疑问，身在外圈的蚂蚁大多无法幸免于难。滚下山坡的过程，就是大量蚂蚁殒命的过程。眼看着蚁团变成焦煳的一团，不断有蚂蚁从蚁团上掉下来，说明外围的蚂蚁基本无一幸免。可是，蚁团终于从火圈里滚落了出来，这说明一定有内层的蚂蚁幸存了下来，它们用牺牲个体的方式保证了种群的延续。

这就是蚂蚁的力量——无时不资众力，所以必然成功！所以连大象也害怕蚁群的进攻，因为再强大的个体，也终将被淹没在万众一心的群体力量中。

自然才是人类最好的老师。不仅蚂蚁，还有蜜蜂，这些群居动物的强大，无一不证明着群体与团队的力量。

个人的能力总是有限的，但只要善于借用群体的力量，也能成事，也能成功，也能脱颖而出。比如汉高祖刘邦就是一个典型。

刘邦的个人能力基本不值得一提，连身在汉朝的司马迁写《史记》的时候，也暗示高祖刘邦一无是处。刘邦起初也不过是个小混混式的人物，但他的特长就是善于用人，并把各种各样的人才团结在自己的周围。

一次，名将韩信与刘邦聊天，刘邦问他：“依将军看，凭我的本事，可以带多少兵马？”

韩信笑笑说："主公可带十万兵马。但也只能带十万，不能再多了。"

刘邦不服气："那么依将军的本事，你可以带多少兵马？"

韩信又笑笑说："韩信若带兵，自然多多益善！"

刘邦听了很不开心，便不客气地问道："那这么说，你的本事比我大喽？那你怎么做了我的手下了呢？"

韩信不慌不忙，从容地道出他的理由："主公虽然不善于带兵，但善于用将，善于用人才，我们这些人才都为主公所用，您就一个兵也不用带了！"

事实上也确实如此，刘邦不善于用个人的力量，因为他个人本来也没什么本事，所以他必须借助众力来成就事业。但就算是个人本事很大，也同样离不开团队的支持。

比如唐太宗李世民，其个人的军事才能与政治才能可谓独步古今，而且文武全才。他也同样认为要成大事，借助团队与群体的力量比个人的能力更重要。所以他不仅组织过"十八学士府"，成就伟业之后，还在凌烟阁上刻下二十四臣像，为的是昭示后人——他不是一个人在战斗！

其实，善于与他人相处、合作，借助众人或他人之力把事情做成，是许多成功者的共同点。

安德鲁·卡耐基作为钢铁大王，其实对钢铁制造并不太了解。他成功的原因也正是在于他知道如何统御众人，实现双赢。

当卡耐基还是个孩子的时候，有一次在田野里抓到两只兔子，他很快就替它们筑好了窝，但发现没有食物。于是卡耐基找到邻居家的小孩，说如果他们能为兔子找到食物，就以他们的名字来为兔子命名。

后来，卡耐基所经营的中央通运公司与乔治·波尔曼的公司竞争，两人都想争夺太平洋铁路公司的生意，但这种互相残杀对彼此的利益却会带来很大的损害。这时，卡耐基又想起了童年的经验。

于是，在与波尔曼去纽约会见太平洋铁路公司的董事长之前，卡耐基把心里的计划说了出来，希望能兼顾两者的利益。他详细描述了合作的好处以及竞争的缺点，表达出了足够的合作诚意。

波尔曼半信半疑地听着，问道：“那么新公司要叫什么名字呢？”卡耐基回答道：“当然是叫波尔曼汽车公司啦。”

结果自然不言而喻，卡耐基成功地借助对手之力，达成了自己的心愿，并最终建构了举世瞩目的钢铁王国。

沧溟先生如是说

自信往前一小步，就是自大，而自大则一定是盲目自大。

人在做事情的时候，要么是开始时畏首畏尾，要么是进程中盲目自大，这是多数人做事难有成效的重要原因。所以必须借助群体的力量，必须依赖团队的力量。

所谓“独木不成林”“蓬生麻中，不扶自直”，树木多了既可以互相借力，又可以共同纠偏。所以，不资众力，何以成功？

第九讲

君子之交乃信义之交

拣着老成忠厚、肯读书、肯学好的人，你就与他肝胆相交，语言必信，逐日与他相处。

——杨继盛《谕应尾应箕两儿》

孔子说过：“君子之交淡如水，小人之交甘若醴。”他重点是强调君子之间的交往不计利害，没有利益的算计，而是出于本心，重于道义。

三国后期，吴国西陵（今湖北宜昌西北）守将步阐降晋。吴国派陆抗讨伐步阐，西晋朝廷则派杨肇、羊祜等率军援救步阐，陆抗率主力对杨肇军进行阻击。

两军接触后，陆抗部将俞赞投降了杨肇，吴军情况十分危急。陆抗针对俞赞可能提供给晋军的情报，分析杨肇很有可能依俞赞之计攻击自己的薄弱环节。于是，陆抗将计就计，连夜换上精兵。

第二天，晋军果然从原防守处进攻，遭到吴军沉重打击。次月，晋军无计可施，趁夜间逃遁。陆抗带兵攻陷西陵城。

西陵救援失利后，羊祜总结教训，他意识到吴国的国势虽已衰退，但仍有一定的实力，特别是荆州尚有陆抗这样的优秀将领主持军事，平吴之战不宜操之过急。于是，他采取军事蚕食和提倡信义的两面策略，以积蓄实力，瓦解对方，寻找灭吴的合适时机。

在荆州边界，羊祜对吴国的百姓与军队讲究信义，每次和吴人交战，羊祜都预先与对方商定交战的时间，从不搞突然袭击。有部下在边界抓到吴军两位将领的孩子，羊祜知道后，马上命令将孩子送回。

后来，吴将夏详、邵颉等前来归降，那两位少年的父亲也率部属一起来降。吴将陈尚、潘景进犯，羊祜将二人击败，然后，嘉赏他们的气节而厚礼殡殓。两家子弟前来迎丧，羊祜以礼送还。吴将邓香进犯夏口，羊祜悬赏将他活捉，抓来后，又把他放回。邓香感恩，率其部属归降。

羊祜的部队行军路过吴国边境，收割田里稻谷以充军粮，但每次都要根据数量用绢偿还。打猎的时候，羊祜约束部下，不许超越边界线。如有禽兽先被吴国人所伤而后被晋兵获得，他都送还对方。

羊祜这些做法，使吴人心悦诚服，十分尊重他，不称呼他的名字，只称“羊公”。

对于羊祜的这些做法，陆抗心中很清楚，所以常告诫将士们说：“羊祜专以德感人，如果我们只用暴力侵夺，那就会不战而被征服的。我们的目标是保住边界，万万不要为小利而争夺城池，侵扰边界百姓。”因此，在很长的一段时间里，晋、吴两国的荆州边线处于和平状态。羊祜与陆抗对垒，双方常有使者往还。

陆抗称赞羊祜的德行肚量，“虽乐毅、诸葛孔明不能过也”。一次陆抗生病，向羊祜求药，羊祜马上派人把药送过来，并说：“这是最近我自己配制的药，还未服用，听说您病了，就先送给您吃。”吴将怕其中有诈，劝陆抗勿服。陆抗不疑，并说：“羊祜怎会用毒药害人呢？”遂坦然服下。

吴主孙皓听到陆抗在边境的做法，很不理解；就派人斥责他。陆抗回答：“一乡一镇之间，不能不讲信义，何况一个大国呢？如我不讲信义，正是宣扬了羊祜的德威，对他毫无损伤。”孙皓无言以对。

在古代，战争在很多时候其实只是一种决定胜负的仪式，而不总是你死我活的杀戮。羊祜可以称得上楷模。在这场持久战中，羊祜采取了一套攻心策略，即用道义去争取民心，无论对于吴国的百姓，还是自己的对手陆抗，羊祜都是以诚待人，以信服人，他的这种诚信行为也造就了历史上的又一段佳话——“羊陆之交”。以道义为本，以诚信为行，始终如一，方为君子之交。

羊祜对待战争的态度，其实也是他家庭教育思想的一种自然延续。他在教育子女时也一再强调“愿汝等言则忠信，行则笃敬”，希望自己的子孙后代说话忠诚有信誉，行为要笃敬。

中国古代关于君子之交最著名的典故，莫过于“高山流水遇知音”的故事。

俞伯牙是春秋时期有名的音乐大师。有一次，他游历至川江峡口一带，忽然遇到了大暴雨。雨越下越大，俞伯牙心有所感，便拿出琴，即兴弹奏起来。

突然砰的一声，琴弦断了一根。俞伯牙不禁惊道：“在这荒山野外，难道还有人在听我弹琴吗？”（古人认为，一旦琴弦断了，便是有人在倾听的缘故）他抬头四处寻找，果然发现不远处站着一个樵夫。

俞伯牙问："刚刚是你在听我弹琴吗？"那樵夫回答："正是。"

俞伯牙一听，惊喜地问道："你既然听琴，那么你知道我刚刚弹的是什么吗？"樵夫低头想了想说："刚刚您所弹，是见到暴雨中山水的感叹。有的琴音昂扬雄伟，就像那巍峨高耸的高山；有的琴音浩浩荡荡，就像那滔滔不绝的流水！"

听了樵夫的回答，俞伯牙惊呆了！

他急忙站起来，向樵夫施礼道："我遍游五湖四海寻访知音，今天遇到先生，真是万幸。请问先生尊姓大名？"樵夫答道："鄙人姓钟，名子期。"

就这样，俞伯牙与钟子期一见如故，引为知己。

在谈话中，俞伯牙发现钟子期不但精通乐理，而且举止有礼，就和他结成了异姓兄弟。后来，二人在长江口洒泪告别，约定第二年的这天，再来此地相聚。

转眼到了约定的日期，俞伯牙兴冲冲地来到长江口，却迟迟不见钟子期的到来。经过打听才知道，钟子期已于年前病逝了。

听到这个消息，俞伯牙顿时热泪长流。他来到钟子期的坟前，拍打着钟子期的墓碑，放声痛哭。然后，他取出琴，重新弹起那首《高山流水》。曲子弹完之后，俞伯牙举起琴，说道：“从此知音绝矣！”说完，他奋力把琴摔碎在钟子期坟前的石头上。

从此以后，俞伯牙不再弹琴。但这曲《高山流水》作为二人友谊的见证，却一直流传至今，位列中国古典十大名曲之一。

沧溟先生如是说

人的一生中有各种交往，诚信则是人与人之间交往的根本原则，也是形成良好和谐关系的基础。

杨继盛对两个儿子的忠告可谓至理名言。此外，他还说过：“勿欺以交朋友，朋友信之，己不信而能得之信，其谁与我？”诚信是相互的，只有以诚信赢得对方的信任，对方才有可能以诚相待。

第十讲

合作伙伴很重要

不幸与君子同过，犹可对人；幸与小人同功，已为失己。况君子必不诿过，小人无不居功。与人共事，何可不慎？

——汪辉祖《双节堂庸训》

处事的关键，其实是处人。和什么样的人一起做事，往往决定了你能做成什么样的事。这一点，在团队文化渐渐兴盛的近代与现代，尤其如是。

郭嵩焘，中国近代外交史上的领军人物，也被称为中国近代史上“孤独的先行者”。之所以有这样的称号，既是由于他对中国近代外交与文明发展的贡献，也是由于他那一场因人事而失败的外交使命。

1876 年，整个中国虽然已经经历了两次鸦片战争，虽然落后挨打、满目疮痍，可是大多数中国人对西方世界还是一无所知，甚至大多数知识分子还沉浸在夜郎自大的白日梦里。就在这样的时代背景下郭嵩焘作为第一批觉醒的知识分子，作为曾国藩领导的洋务运动中的干将，主动向朝廷提出出国担任驻英法大使。

这是一件在现在看来无限风光，但在当时看来却丢人丢到家的事。全国知识分子一片哗然，郭嵩焘居然主动要求去蛮夷之国当“人质”——那时的中国人以为“大使”就是“人质”——这真是一件丢脸的事！

郭嵩焘意识到此行的风险，也知道凭一人之力改变国人陋见的艰难，所以他精心挑选了副手，组成一个三十人的团队。应该说郭嵩焘很有团队意识，可问题是他挑错了人，挑错了团队中的重要成员。

刘锡鸿，也曾是湘军的成员，是郭嵩焘的老同学、曾国藩的手下。鉴于来自同一个阵营，郭嵩焘向朝廷请命，请刘锡鸿担任此行的副手与参赞。

郭嵩焘哪里知道，刘锡鸿虽然曾是曾国藩的手下，却是一个典型的保守派。况且曾国藩生前曾对刘锡鸿有过判断，说此人“气量狭小，必误大事”。

果然，因为在出使的国书上，郭嵩焘没有写明刘锡鸿副使的身份，刘锡鸿因此大为不快，小人秉性很快就发作了。

除了外交使命外，郭嵩焘还想把西方先进文明介绍给国人，所以他把出使英法过程中每天的见闻都用电报的形式发回国内，以期让国人跟随他的足迹去了解世界。

后来，郭嵩焘每日发回的见闻集成了一部书，这就是后来介绍西方文明的名作《使西纪程》。

郭嵩焘不仅自己这样做，也鼓励同僚这样做，可是刘锡鸿发回国内的电报，写的却不是见闻，大多是告状的小报告。

刘锡鸿紧紧地盯住郭嵩焘的各种毛病，后来总结说郭嵩焘共有“三大罪”“十小罪”。

其中的很多内容，今天读来，既让人不禁发笑，又让人感慨小人之难相处。

比如，刘锡鸿曾发电报告状说，郭嵩焘出使英法，居然带老婆同行，实在有违军法，实在该杀。在中国古代，带兵出征时是不可以带家眷的，但郭嵩焘出使英法并不是“出兵”英法，带夫人出使正是一种外交礼仪，刘锡鸿这一状告得实在没文化。

又如，刘锡鸿告状说英国女王设宴招待巴西国王，郭嵩焘居然在宴会上向巴西国王鞠躬行礼。刘锡鸿说巴西是什么弹丸之地，我们怎么能向这样的小国行礼呢？刘锡鸿根本不知道巴西在哪里，有多大，反正只把他那夜郎自大的心态完完全全地暴露出来了。

再如，刘锡鸿又在小报告中告状说郭嵩焘在自己的使馆里招待英国大使，既然在中国的使馆招待外国人，就应该按中国的礼节奉茶待客，而郭嵩焘却让人准备了咖啡、奶酪与甜点，这也太崇洋媚外了，这不是贬低我们自家的文化吗？

十几条罪状里，最重要的一条，也是后来在国内引发轩然大波的一条，是关于跳交谊舞的。

刘锡鸿向朝廷告状说，英国人请我们去参加舞会，郭嵩焘作为大使居然带着自己的妻子去参加这样重要的活动。郭嵩焘带着妻子去也就算了，在舞会现场，他却置自己的妻子于不顾，而只是和洋人的妻子跳舞。古训说，男女授受不亲，何况他还是和洋人的妻子如此亲近。

刘锡鸿因此认为，郭嵩焘此举实在有辱斯文，实在丢脸，实在有违我华夏礼仪之传统，实在是连畜生都不如！

刘锡鸿的小报告传回国内，果然舆论一片哗然。

这些荒唐的指责在那个荒唐的时代迅速发酵，保守分子坐不住了，纷纷指责郭嵩焘有辱国格，要求总理衙门把他从英法召回来。

郭嵩焘了解事态后，也气愤难耐，更是深深懊悔自己看错了，选错了合作伙伴。于是，他也发回电报，说刘锡鸿在舞会上偷了英国人的怀表，这种小偷行径才是真正有辱斯文，有辱国格。

总理衙门看两人闹得如此厉害，国内舆论又甚嚣尘上，只得把郭嵩焘、刘锡鸿都召了回来。虽然刘锡鸿最后也不得善终，但郭嵩焘却因为背上崇洋媚外的恶名，此后一生都备受排挤，不得不在寂寞中抑郁而终。而他一心希望通过出使海外将西方文明介绍给国人、让国人睁眼看世界的努力，也不得不夭折了。

汪辉祖的家训里说，如果是与君子共事，哪怕失败了，也没什么，因为君子一定会与你共担荣辱！但如果是与小人共事，那就麻烦了，因为就算成功了，你也得小心他脸上一团笑，脚下使绊子，一不小心，你就倒霉了，你所努力做的一切，也会前功尽弃！

所以说，人生要想成就一番事业，比做什么事更重要的就是与什么样的人一起做事。宁与君子共过，不与小人争功！与人共事，何可不慎！

沧溟先生如是说

人是这个世界上最奇怪的动物。

有的人，像一座山，像一片海，充满包容与情义；有的人，却像一条蛇，像一支冷箭，让人不寒而栗，防不胜防。

一个好的团队与好的搭档，会让你事半功倍；一个坏的团队与坏的搭档，就不只是事倍功半，而有可能是前功尽弃。

第十一讲

组建团队的重要原则

非威德无以致远，非慈厚无以怀人。

——李世民《帝范》

唐太宗李世民的这一句名言，明显是从诸葛亮那句“非淡泊无以明志，非宁静无以致远”的句式化用而来。但不得不说，李世民天纵奇才，这一化用非常成功，同时又别开生面，揭示了与人共事、团队创业中的一个十分重要的原则——恩威并用，慈厚怀人！

李世民之所以会做如此精当的总结，大概和他自身的经历密不可分。最有说服力的一个典型案例，就是那位“门神”——尉迟敬德。

自唐代起，传说中的门神主要有两位，一位是秦琼秦叔宝，一位就是尉迟恭尉迟敬德。秦叔宝在民间的名气更大，但对唐太宗来说，恐怕还是尉迟敬德更重要一些。

在玄武门之变的时候，李世民一箭射杀了太子李建成，李元吉掉头就跑，李世民策马来追，眼见就要追上之际，谁料奇变陡生。

李元吉跑进路旁的枣树林里，李世民也追进了树林中，就在关键时刻，武艺超群、身经百战的李世民却不小心被一根枣树枝挂了一下，从马上翻落，栽倒在地，手中的弓也甩了出去。李元吉一看，回头捡起硬弓，趁势套在了李世民的脖子上，手上用力，打算就此勒死李世民。

要知道，古代的硬弓弓弦都是牛筋制成，韧度与力量都是一绝。李元吉此时天赐良机，只要勒死李世民，大唐江山的继承人必定非他莫属，中国的历史也必将因此而改变。

眼见李世民危矣，而随后跟上来的尉迟敬德还有十几步远，正是远水不解近渴。尉迟敬德急中生智，放开嗓门大吼一声："嘿！"

这一声有如晴空霹雳，丝毫不逊于当年张飞"当阳桥上一声吼，喝断桥梁水倒流"。李元吉闻此心神大乱，手上一慌，弓也把持不住，只得掉头逃窜，李世民就此逃出生天。尉迟敬德救下李世民后，又随即紧追，最后手刃李元吉，全力把李世民送上了皇帝的宝座。

事实上，不只是玄武门之变，在长年征战沙场的过程中，尉迟敬德曾经多次救过李世民的命。李世民也曾经放言："我的弓箭加上尉迟敬德的槊，就可以纵横天下了！"

那么，尉迟敬德为什么对李世民如此忠心耿耿呢？甚至在李世民与李建成争夺皇位的过程中，即使李建成不惜血本地收买尉迟敬德，他也丝毫不为所动。

其实，尉迟敬德曾经是李世民的敌人，他原是刘武周的手下。刘武周被李世民打败后，尉迟敬德不得已投降了李世民。李世民爱惜尉迟敬德的才能，与他推心置腹，对其信爱有加，甚至仍然让他带领自己原来的部队，丝毫不加提防。

后来，李世民率军在洛阳与王世充、窦建德决战，有段时间不在营中，而原来投降过来的一些将领突然纷纷叛逃。李世民的手下怕尉迟敬德也要叛逃，便先下手为强，把他抓了起来。幸好，他们没有自作主张杀了尉迟敬德。李世民回营，才知尉迟敬德已经危在旦夕。

手下人对李世民说，尉迟敬德带刘武周原来所部八千人自成一营，万一有所异动，将会为唐军带来灭顶之灾，不如杀掉尉迟敬德，这样才能放心。李世民一听大为恼火，来不及呵斥手下的无知，先立刻让人把尉迟敬德请进内帐，并亲自为尉迟敬德松绑。

李世民随后命人取来金银，对尉迟敬德说："大丈夫以意气相期，不要因为小小的恩怨便心怀芥蒂。我知你是当世英雄豪杰，故与你以心换心。现在，手下如此对你，你要是想走，我也理解，这些盘缠只能略表我们曾经共事的友情罢了。"

听完李世民的话，尉迟敬德感动得热泪长流。他当时便长跪不起，表示愿意共创伟业，矢志不渝，以报答李世民的知遇之恩。

李世民慈厚怀人，以心换心，终于为自己培养了一员可以建立丰功伟业的忠心悍将，后来尉迟敬德屡屡救李世民于危难之际，诚可谓"投之以桃，报之以李"。

这只是李世民用人的一面。

后来，尉迟敬德因为功勋卓著，渐渐也骄傲起来。一次，李世民大宴群臣，尉迟敬德居功自傲，非要坐在任城王李道宗的上首。李道宗不肯，尉迟敬德便一拳打过去，差点儿把李道宗的眼睛打瞎。

李道宗是李世民的堂弟，文成公主的生父，也是功勋卓著的开国功臣，而尉迟敬德如此不把他放在眼中，可见其骄横之心，到了什么地步。

李世民痛定思痛，想了一夜，第二天一早，就把尉迟敬德找来。他意味深长地对这位对自己有着救命之恩的爱将说："我昨晚读了一夜的《汉书》，以前我总是不明白汉高祖为什么非要在建国后杀了韩信、彭越这些功臣，以为汉高祖气量太小，容不下这些功臣，所以才有'飞鸟尽，良弓藏；狡兔死，走狗烹'的悲剧。"

说到这儿，唐太宗顿了顿，接着语气深沉地说："可是，我昨天看了你的表现后，想了一夜，才算是明白，原来韩信、彭越这些人也有该死的地方啊。"尉识敬德听了这话，不禁浑身冷汗直冒，连连叩头告罪。从此以后，尉迟敬德一改骄横之态，终于得以善终。

如果说，赠金宽怀是"恩"，那么以史为鉴就是"威"，李世民恩威并用，以慈厚为本，才得到尉迟敬德这位大唐第一"猛将兄"的赤诚忠心。

事实上，没有精准的识人眼光，没有高超的用人艺术，李世民就不可能整合强大的人才团队，也就不可能开创大唐基业，开创贞观之治的宏伟气象！唐太宗号称“千古一帝”，识人用人的艺术由此可见一斑。

沧溟先生如是说

中国人喜欢追求建立功业。立功不外乎做事，做事不外乎用人，用人之道一是用恩情来以心换心，一是用纪律来束缚行为。

作为一个团队的领导者，既要有宽厚慈爱的一面，又要有厚重威严的一面。这样才能万众归心，成就伟业。

第十二讲

尊重他人就是自爱

勿欺以交朋友，正色以对贤豪，含洪以容横逆，守分以远衅隙，谨言以杜风波。

——孙奇逢《孝友堂家规》

明代学者孙奇逢是万历二十八年举人，明朝被清朝推翻后他坚持隐居，拒不出任清朝官员，晚年更是携家眷南迁至辉县夏峰村，率领子弟种田自给。

凡是从全国各地来求学的学者，他都给他们田地，并传授种田的技艺。大家聚在一起，渐渐形成了一个村落。孙奇逢在夏峰村生活了二十五年，故被时人称作夏峰先生。

在其家规中，孙奇逢阐述了为人处事的原则，那就是要诚实无欺、不亢不卑，尤其要都懂得宽宏大度地处理各种关系。这可以说是对历史经验的经典总结。

《史记》等书记载，战国时期赵国名将廉颇与贤相蔺相如之间就发生过一段曲折的故事。

他们二人是国家栋梁，将相和谐是保证赵国免遭外敌侵略的必要支撑。可是，廉颇素以骁勇善战驰名天下，多次战胜齐国等周边对手，对寒门出身的蔺相如高居宰相之位颇为不满。他逢人便说："我若上朝时碰见他，就当面给他个下马威，让他下不来台。"

这些话传到蔺相如耳朵里，他却并没有被激怒。自那之后，蔺相如就常常托病请假，避免与廉颇发生正面冲突。

一次，蔺相如刚刚离开家门，远远看见廉颇一行从对面走过来，就赶紧命人把车子退回去，给廉颇让路，让他们先走。

蔺相如的随从们气愤不已，按捺不住地抱怨说："我们之所以离开自己的家人而来追随您，就是因为敬仰您的大名，受到您崇高的德操所感化。现在廉颇口出恶言，不给您面子，而您却一再退让，未免过于胆怯了吧！我们虽然没什么本事，然而这样跟着您，也觉得很丢人，不如回家养老！"

其实，蔺相如哪里会是胆小怕事的人呢。

想当初，他不仅以一己之力让和氏璧得以完璧归赵，在渑池之会上，看到狂妄的秦王借着酒劲让赵王为自己奏瑟时，更是拼死也要逼着秦王敲缶来回报赵王，使得赵王能够不失体面地返回赵国。

蔺相如静静地听了随从们的抱怨，徐徐说出了一番道理。他说，尽管秦王很有威严，我也能在渑池之会大声呵斥他，我连虎狼之秦都毫不畏惧，又怎么会害怕廉颇将军呢？只是我清楚地知道，秦国之所以不敢侵略我们赵国，就是因为有廉将军和我。假如我们不合，恐怕会导致国家陷入危难之中。我之所以这么忍让，要和廉将军保持团结，正是把国家利益放在前，而把个人恩怨置于后啊。

这番自明心志不但让随从们心服口服，廉颇听闻以后，也钦佩不已。他脱下自己的上衣，绑上荆棘枝条，亲自跑到蔺相如家里谢罪。廉颇和蔺相如最终的交好，也成为千古佳话。如今的邯郸城中，还留有“回车巷”的地名，以纪念这段感人的历史故事。

文官和武将，只是一种社会分工，本无高低贵贱之分。他们各有专长，各有职分；所谓“守分以远衅隙，谨言以杜风波”，就是大家都要爱惜自己的羽毛，同时尊重对方的人格。这样才能将相和，关系融洽，不至于引起纠纷，带来风波。

中国历史上，除了将相和的美谈外，三国时诸葛亮“七擒孟获”的故事也堪称千古佳话。

当年，诸葛亮率领大军出发。好友马良的弟弟、参军马谡送诸葛亮出城，一直送了几十里地。

临别的时候，诸葛亮握住马谡的手，诚恳地问：“我们相处好几年了。今天临别，有什么好主意告诉我吗？”

马谡说：“南中的人依仗地形险要，离都城又远，不容易管。即使我们用大军把他们征服了，以后还是要闹事的。我听说用兵的办法，主要在于攻心，攻城是次要的。丞相这次南征，一定要叫南人心服，才能够一劳永逸。”

马谡的话，正合诸葛亮的心意。

诸葛亮率领蜀军向南进军，节节胜利。四个郡的叛乱很快就平定了。

但是，事情还没有结束。南中酋长孟获收集了雍闿的散兵，继续抵抗蜀兵。诸葛亮了解情况后，得知孟获不但打仗骁勇，而且在南中地区各族群众中很有威望。于是他想起马谡临别时说的话，决心把孟获争取过来。

诸葛亮下了一道命令，只许活捉孟获，不能伤害他。

在蜀军和孟获军队交锋的时候，蜀军就故意败退下来。孟获仗着自己手下的人多，一股劲儿追了过去，很快就中了埋伏。

不仅南兵被打得四处逃散，孟获本人也被活捉了。

孟获以为自己这次一定没有活路了，没想到进了大营，诸葛亮立刻叫人为他松了绑，好言好语劝说他归降。但是，孟获很不服气，他说："我自己不小心，中了你的计，怎么能叫人心服？"

诸葛亮也不勉强他，陪着他一起骑着马在大营外兜了一圈，看看蜀军的营垒和阵容。然后又问孟获："您看我们的人马怎么样？"

孟获傲慢地说："以前我没弄清楚你们的虚实，所以败了。今天承蒙您给我看了你们的阵势，也不过如此。像这样的阵势，要打赢你们也不难。"

诸葛亮爽朗地笑了起来，说："既然这样，您就回去好好准备一下再打吧！"

孟获被释放以后，回到自己的部落重整旗鼓，又一次进攻蜀军。但他本是一个有勇无谋的人，哪里是诸葛亮的对手，第二次又被活捉了。

诸葛亮劝他，见孟获还是不服，便又放了他。

像这样又放又捉，一次又一次，一直把孟获捉了七次。

到了孟获第七次被捉的时候，诸葛亮还要再放。孟获却不愿意走了。他感动地说：“丞相七擒七纵，待我可说是仁至义尽。我打心底里敬服。从今以后，不敢再反了。”

孟获回去以后，还说服各部落全部投降，南中地区就重新归蜀汉控制。

沧溟先生如是说

为别人留面子，让对手下台阶，这是人生的大智慧。

林肯作为美国总统，他对政敌的态度曾经引起了一位官员的不满。他认为林肯不应该试图与那些人做朋友，而应该消灭他们。林肯却温和地说：“当他们变成我的朋友时，敌人不就消失了吗？”

林肯的意思不言而喻。

第十三讲

如何面对坏同学

凡人同堂同室同窗多年者，情谊深长，其中不无败类之人。是非自有公论，在我当存厚道。

——温以介《温氏母训》

常言道："不如意事常八九，可与人言二三。"尤其是遇到某些"不如意人"，就难免会发生些"无奈何事"，这时候该如何面对，实在是有着境界上的差别的。

有人以为碰到小人搅事，就应该针锋相对，针尖对麦芒，他强我更强！可是这样一来，矛盾就会激化，小事就会化大，大事就会扰身，很多时候得不偿失。就像走在路上，被一只狗咬了，叹声倒霉也就算了。要是你反过来也去咬他，这形象可就糗大了，还可能染上疾病。

小人往往多是非。如果是原则性的问题，当然应该据理力争；但如果只是些利益上的纠纷，让一步，往往是海阔天空的大智慧。

比如晚清名臣曾国藩在待人接物上是特别讲究忍的。他小时候性格倔强，脾气也比较大。年轻时因为志向开始变得远大，他认识到自己的缺点，开始刻意改变自己。从此，曾国藩十分注重日日修炼，随时自省。

当年考举人之前，曾国藩在长沙著名的岳麓书院读书。他有一个同学，富家子弟出身，性情十分暴躁，是个典型的纨绔子弟，相当于今天大家痛恨的某些不争气的“富二代”，常跟同学们发生口角。

一次，这个同学突然当着大家的面开始向曾国藩发难。当时曾国藩的书桌刚好紧挨着窗户，而他的书桌则在旁边。他看曾国藩不顺眼，就指着曾国藩大声呵斥：“我读书的光线都是从窗户里过来的，你挡着我的光了，赶快挪开！”

曾国藩一听这话，火往上冒，其他同学一听这种无理要求，也不由得都围了上来。但曾国藩气归气，看了看大家，居然一声没吭，就把桌子挪开了。

又有一天晚上，那个“富二代”又莫名其妙地找碴了。当时大家都住在一起，求学的学子们都有睡前掌灯读书的习惯。那一晚曾国藩正在念书，他又突然发难，指着曾国藩大骂道：“你小子平常不念书，这时候念书，不是存心不想让我睡觉吗？”

年轻的曾国藩一时恼火至极，因为晚上念书的可不止他一个人，所以这种指责简直就是莫名其妙。但曾国藩只是紧紧地攥了攥拳头，然后深深吸了口气，还是没跟他吵，以后晚上看书就改默读了。

后来，曾国藩考中举人，放榜消息传来，同学们都为他高兴，偏偏这个“富二代”埋怨说，都是这个曾国藩把他读书的风水给占了，要不考上举人的就是他了。别人说，不是你让人家挪位子、让阳光的吗？结果他说，正因为如此，才把曾国藩挪到好的风水宝地里去了。

曾国藩听了之后，笑一笑，毫不在意，反而劝慰同学，不要跟他一般计较。可见青年时代的曾国藩，他的涵养与气度，尤其是这份忍功已经不一般了。

当然，如果遇到这种简单粗暴的“富二代”，让一让就足够了。要是遇到一肚子坏水的坏同学，简单的忍让可能会带来预想不到的恶果。最典型的案例就是历史上最大的冤案——铡美案。

京剧《铡美案》是说负心汉陈世美考中科举后攀龙附凤，抛弃发妻秦香莲的故事。最后，包青天怒铡陈世美，为秦香莲伸了冤，为人间伸张了正义。

据学者考证，陈世美在历史上实有其人，其实他的名字叫陈熟美，他的妻子不叫秦香莲，而叫秦馨连。陈熟美并不是宋代的人，而是清代的人，他也没有背叛过妻子秦馨莲，那为什么在戏曲里会让宋代的包青天来审了一出《铡美案》呢？

原来陈熟美少年贫寒，读书的时候曾受过两个同学的接济。后来，陈熟美考中科举，做了官。接济过他的两个同学却一直混得不怎么样，于是二人就跑到陈熟美这里来要官。

陈熟美热情地招待了他们，还自掏官俸送给两个同学，但买官卖官一事，向来清廉的陈熟美却是坚决不肯做的。

两个同学看到陈熟美不肯帮衬，便怒火中烧，甚至出言不逊，责怪陈熟美忘恩负义。陈熟美只是笑笑，对两个老同学的怒火悉数忍下，并不多说什么。

后来这两个同学还乡的时候，在路上遇到一个戏班子，两人一琢磨，就要报复陈熟美，让他的名声变臭。当时戏班子里最常演的一出戏叫《琵琶记》，是说一个书生进京赶考高中科举后抛弃结发妻子的故事，两人帮戏班子改编了剧本，将男主人公改成了陈熟美，将女主人公改成了秦馨莲。甚至为了搞臭陈熟美的名声，还变本加厉地表现陈熟美不仅忘恩负义，还要加害发妻，完全是个人伦丧尽的负心汉典型。

可是，陈熟美毕竟是一方大员，如果他较真起来，这两个人还是要吃不了兜着走。于是他们不敢用原名，就把二人名字中间的字都改了一下，把“熟美”改成了“世美”，“馨莲”改成了“香莲”，而“馨”本来就是“香”的意思。

可是，即使改了一个字，泼脏水的羞辱之意还是很明显，陈熟美知道后若是凭着手中的权力，报复这两人不难，让这戏彻底罢演也不难。可他还是忍了。结果，一个让人预料不到的恶果出现了。

一次，戏班子在演完陈世美版的《琵琶记》后，本应接着演包公戏《陈州放粮》，可是前一出戏的演员演得太好，太入戏了，全场观众被深深打动。结束后，观众群情激愤，纷纷拿白菜帮子、臭鸡蛋掷向台上的“陈世美”。

戏班的班主一看，观众情绪如此激动，就让接下来要上场的包公抬了铡刀上去铡了陈世美，以泄众愤。“包公”没有办法，只得穿越了一回，上场铡了陈世美。没想到，这样的剧情大受欢迎，于是这出戏后来就改成了《铡美案》。

戏是一出好戏，此后数百年常演不衰，但陈熟美这样一个彻头彻尾的好人却变成了一个坏人，并因此背上了千古骂名。如果陈熟美泉下有知，他还会无原则地忍让那两个坏同学吗？

沧溟先生如是说

做人应当厚道，但与我们打交道的人，包括同学、朋友之中，难免会有些不厚道的人。

孔子也说："以德报怨，何以报德？"所以，原则问题上还是要"该出手时就出手"！

遇到不厚道的人，不能一味忍让。更不能见人说人话，见鬼说鬼话，因为对方的卑劣而放弃自己做人的原则。是非自有公论，小处能让则让，但在大的原则问题上，则要据理力争。

第十四讲

与各种各样的人打交道

人要方得圆得，而方圆中却又有时宜。……棱角峭厉非方也，和光同尘非圆也，而固执不通非易也，要认得明白。

—— 姚舜牧《药言》

为人处事，中国人喜欢讲方圆之道。所谓外圆内方，进退从容，正体现了中国人独特的辩证法思想与处世智慧。

为什么是外圆内方，而不是内圆外方呢？

这从古代的铜钱就可以看出来。中国古代的铜钱被戏称为“孔方兄”，就是因为内部串钱的孔是方形的。很多人以为这样方便把钱串在一起，其实内孔是圆的一样也可以串。真正的原因特别有象征意义：原来钱币在铸造的过程中，内部方形才容易固定住，而外部圆形则利于使用与流通。

做人其实也是这样，内方才有原则，才有根本，才能在浊浊尘世中立定脚跟；而外圆则可交际，则可融通，则可发挥人的社会属性。所以，既不可圆滑得失去做人的原则，又不可古板得不讲究做事的策略，这才是真正的方圆之道。

孔子当年才学满腹，一心想出来从政，以实现自己的政治理想，可是快到五十岁了，虽然名气越来越大，但还是没有从政的机会。

当时鲁国的政治风气日渐败坏，大夫架空了国君，而家臣又控制了大夫。阳货是执政大臣季平子的家臣，季氏曾几代掌握鲁国的朝政，而阳货又掌握着季氏的家政。季平子死后，阳货甚至囚禁了季恒子而专权国政，是孔子极为讨厌的“乱臣贼子”。

当时，阳货权倾朝野，他想利用孔子的名声来为自己粉饰；而孔子向来又有从政的理想，于是他想尽办法请孔子出山。可是孔子并不愿见阳货这样的小人，阳货便动了脑筋，逼着孔子不得不见。

一天，阳货让手下把一只蒸熟的小猪送到孔子家，这在当时是一份厚礼。

根据当时的礼仪，孔子应该主动登门回敬并表示感谢。阳货的如意算盘是，你孔子不是不想见我吗？你孔子不是最讲究礼仪吗？现在你要么来见我，要是不来见我，就是自相矛盾。

我看你怎么办！

孔子讲究礼乐治国，当然不能做违礼的事，况且阳货送礼，本身无可厚非，所以他不能不还礼。

孔子有孔子聪明的地方，他早就洞悉了阳货的意图，所以让人密切关注阳货的行踪。等到阳货有一天恰好外出不在家的时候，孔子备了一份礼物去还礼。这样既不违礼仪之道，又没有让阳货如愿。

可是，世界总是那么小，虽然孔子巧妙地避过了阳货的算计，但有一天，两人还是在路上遇见了。

阳货看见孔子，便招呼道："孔先生啊，来，我跟你说两句话！"

这要是换了孟子，听了这种命令的语气，肯定立刻拂袖而去，甚至有可能指着这个乱臣贼子的鼻子大骂一通。可孔子要比孟子圆融得多，他并没有多说什么，只是客气而冷静地看着阳货的表现。

阳货做出一副仿佛很有道理的样子，问孔子："一个人如果有才能，却怀才不用，甚至听任国家颓败，这可以叫作仁爱吗？"

“嗯，当然不算。”阳货看孔子没有吭声，居然自问自答。

在自问自答后，阳货来了劲，又接着问：“一个人喜欢参与政事，有从政的理想，却又屡次错过机会，这可以算是聪明吗？”

“嗯，当然不算。”这次阳货根本不等孔子回答，又抢着自问自答。

最后，自我陶醉的阳货很煽情地感慨道：“时间一天天过去了，岁月是不等人的啊！你还是出来做官吧！”

孔子等了半天，看阳货不再抢答了，才平静地说：“嗯，容我想想吧，我想我会出仕的！”

孔子这一想就想了很长很长时间，一直想到阳货倒台，他也没出来做官。可是，阳货这个小人倒台之后，孔子就出来做官了，一下就为鲁国政坛带来了新气象。

这就是孔子的外圆内方之道，他有他从政的理想，但绝不与小人同流合污。这是他做人的原则，也是他的内方之道。但阳货当时权倾朝野，况且他并非对孔子不敬，并未触犯礼法，孔子犯不着与他直接冲突，不然反而撇不清。所以孔子表面上应付着阳货，这是他做事的策略，也是他的外圆之道。

正如姚舜牧所言："人要方得圆得，而方圆中却又有时宜。……棱角峭厉非方也，和光同尘非圆也，而固执不通非易也，要认得明白。"有外圆之道，才可以融入环境，改变环境；有内方之道，才可以超越环境的束缚，最终驾驭环境。

人，终究是社会中的人，终究是人际中的人，终究是要与不同的人打交道的人，只有外圆内方，才能既不成为孤家寡人，又不至于迷失自我。

其实，外圆内方并不是老于世故的处世哲学，而是一种人生智慧。

外圆，是为了在和他人相处共事时减少阻力，是方法；内方，是为了坚持自我，是原则和根本。一个人如果过于方正，不知变通，必将碰得头破血流；但一个人如果过于圆滑，为了占便宜不惜放弃做人的气节，必将众叛亲离。

著名教育家黄炎培十分赞赏"外圆内方"这个成语。"和若春风，肃若秋霜，取象于钱，外圆内方。"这是黄炎培给子女的座右铭中的一句话。他以中国古代钱币的造型特点——圆形方孔做比喻，要求子女外表随和，内心严正，谦虚谨慎，不要锋芒毕露，盛气凌人。这是黄炎培的人生经验总结，可谓至理名言，也会对我们的人生有所启示。

沧溟先生如是说

人的社会属性决定了我们要面对各种各样的人际关系，也决定着我们要与各种各样的人打交道。

过于刚直，乃至不通情理，则容易成为孤家寡人；而过于圆滑，乃至没有原则，则容易彻底迷失自我。这时，就要讲究方圆之道，所谓外圆内方，外在圆融而不圆滑，内心坚持而不固执，这样为人处事，才可以进退从容。

第十五讲

要警醒的四大坏心

处己接物，而常怀慢心、伪心、妒心、疑心者，皆自取轻辱于人，盛德君子所不为也。

——袁采《袁氏世范》

很多人，能抵挡得住贫穷、艰难与困顿，却抵挡不住名利、诱惑与私心。由此而生傲慢心、虚伪心、妒忌心、猜疑心，这样的人既会毁灭别人，又终将会毁灭掉自己。

战国时，有一个本来应该是“绝代双骄”的故事，最后却演化成了“手足相残”，就是“慢心”、“伪心”、“妒心”与“疑心”所致。

故事的两个主人公名叫庞涓与孙膑。

他们出身贫寒，却都是天纵奇才。两人后来都拜了鬼谷子为师，孙膑是师兄，庞涓是师弟。师父是名师，学生是天才，师兄弟原本情同手足，相约学成之后携手共闯天下，做一番惊天动地的大事业。

后来庞涓先行下山入世，来到魏国，复兴吴起的军事改革，率天下雄兵“魏武卒”四方征战，立下赫赫战功，闯出赫赫威名。

孙膑下山后，看师弟在魏国已立稳脚跟，便想着当年的约定，来到魏国与师弟共创伟业。

可是，已经先入仕途的庞涓再不是当年那个清纯的少年，他一来认为孙膑比他在师父身边待得久，定是得到了师父鬼谷子的秘传绝学；二来担心孙膑本领比他高，风头很快就会超过他，那时他将风光不再，一切努力就只成为师兄的铺垫。

庞涓犹豫、猜疑、妒忌，渐渐下定了决心，要把当年“绝代双骄”的蓝图生生地变成“手足相残”。可是，孙膑却不知道这一切，他还一厢情愿地等着他的好师弟庞涓向魏王引荐自己。

庞涓设计了圈套，孙膑又在他的地盘，而且毫无提防之心。庞涓笑里藏刀，请君入瓮。孙膑与人为善，却身陷囹圄。庞涓污蔑孙膑为齐国间谍，请魏王处之以髌刑与黥刑，就是挖去孙膑两腿的膝盖骨，并在他脸上刻上侮辱的标记，百般折磨与羞辱，却又不杀了他。庞涓一方面借刀杀人，一方面又假意为孙膑求情，保下孙膑性命，只是为了让孙膑把鬼谷子的兵法之绝学抄录给他。

孙膑也是聪明绝顶之人，无奈太过相信这个师弟，遭了小人暗算，但他随即就看透了庞涓的真面目。于是，他继续装疯卖傻，待庞涓有所松懈，趁着齐国使者来访的时机，展露才学，请齐使相救，并设下“瞒天过海”之计，终于从庞涓的眼皮底下逃出了魏国。

孙膑到了齐国之后，虽然双腿已断，但他依然凭着不屈的意志与惊人的才学征服了齐国上下。齐王欲拜孙膑为上将，而齐国大将田忌更是以师礼待之。

著名的田忌赛马，讲的就是孙膑略施小计智压群雄的故事。

庞涓知道孙膑逃到齐国的消息后，却不紧张，他认为孙膑已经是一个被施了刑罚的废人，况且脸上还有刑徒的标记，肯定会羞于见人，又能翻出什么风浪来呢？

虚伪、傲慢，使常常猜疑、妒忌别人的庞涓终于为自己的自私与狭隘付出了代价。

庞涓先是向魏王请命，率军攻打赵国。赵国不敌，向齐国求救。齐王欲拜孙膑为将，孙膑推辞说：“一个受过刑的人，不能为将。”于是齐王命田忌为将，孙膑为军师，坐在有帷幕的车中出谋划策，且不为人所知。

田忌想要直奔赵国解围，孙膑却为其分析利弊，指出应该轻兵突进，偷袭魏国国都大梁，让庞涓首尾难顾。田忌对孙膑言听计从。庞涓听说齐兵偷袭魏都，紧急撤军赵国，驰援魏国，半路在桂陵中了齐军的埋伏，导致桂陵之战大败。

这就是历史上著名的围魏救赵。

庞涓后来知道了这一切都是孙膑的计谋，便由当初的虚伪、傲慢发展到忌恨与愤怒。他为当初放走了孙膑而后悔，并思量着一定要杀掉孙膑以报桂陵大败之仇。

这时的庞涓还不反思自己的过错，已经彻底被无知与褊狭蒙蔽了双眼。

过了不久，庞涓再次率军攻打韩国，韩国向齐国求救，齐王再次命田忌、孙膑领兵救韩。孙膑依然假意围魏救韩，率军直奔魏都大梁。

庞涓早有准备，迅速回撤，寻找齐军决战。可是这一次齐军却没像上次桂陵决战一样留下来等着魏军，而是迅速脱离战场。孙膑还让人在行军途中，每天减少做饭的灶数，庞涓看后大喜，以为齐军逃兵日多，已经人心涣散，不堪一击。对孙膑的轻视、愤怒与傲慢，已经完全冲昏了他的头脑。

庞涓下令全军猛追，当追到狭窄的马陵道时，天色已晚。庞涓突然看见马陵道中的一棵大树上刻着一行字，他让人点着火把，借着火把的光亮，上前细看。只见树干上刻着："庞涓死于此树之下！"

庞涓大怒，可是还没等他发火，两边山崖之上突然万箭齐发，不可一世的庞涓果然被射死在此树之下。

原来，孙膑早已料到庞涓会紧追不舍，便在马陵道两旁设下伏兵，又知道庞涓猜忌心重，故意在树上刻下此话，料定庞涓定来细看。孙膑交代伏兵，见树下火把亮起，只需对火把亮处万箭齐发，自然可以结果庞涓的性命。

庞涓临死前还不思悔改。当他意识到中了孙膑的计策的时候，用尽最后一口气说了一句话："我死了，倒成就了他的名声！"

临死，庞涓的心中依然充满了妒忌与不甘，实在是既可悲，又可叹！

其实，不是庞涓成就了孙膑，更不是孙膑算计了庞涓，是庞涓自己的傲慢之心、虚伪之心、妒忌之心与疑心，最终害死了自己。

处事待人，当以庞涓为鉴！

沧溟先生如是说

最害人的私心，莫过于傲慢、虚伪、妒忌与猜疑。人一旦被这些“私心”束缚，就会变得自私、褊狭、愚蠢、狠毒，甚至丧失理智，到头来终究是害人又害己。

所以说，警醒自己最为重要，修身、修心才是儒家第一要义。

第十六讲

学会控制情绪

……所以行礼，养性命，欢乐也。过则为患，不可不慎。

—— 王肃《家诫》

古来人杰，比比皆是。但称得上“史上最完美的男人”的，杜甫以为非诸葛亮莫属，李白却以为非谢安莫属。

于是，这两位超级“粉丝”为了方便崇拜偶像，杜甫晚年住到了四川成都离武侯祠不远的地方；李白晚年则住到了南京，这里也正是谢安成就一世功勋之处。

诸葛亮的人生传奇因为大多是小说家所言，其中有很多人为夸张的成分，正所谓“七实三虚”。而谢安的人生精彩之处却大多实有其事，尤其是他的雍容气度，千百年后，依然让人神往。

谢安四十岁之前以教书匠自居，教育家中子弟。谢玄、谢道韫在他的教育下，后来都成为杰出的人才。但东晋偏安一隅，国力衰微，老百姓都说：“安石不出，如苍生何？”意思是说，谢安不出来从政，不出来治国安邦，让老百姓可怎么活！

谢安终于出山了，他平定内乱，改革政治，东晋王朝才渐渐走向安定。

可是还没有安定几天，北方强大的前秦王朝就倾举国之兵，要一举扫平江南。前秦君主苻坚甚至放言，他的百万大军每人扔一条马鞭，就可以截断长江天险的流水，这就是著名的典故“投鞭断流”的出处。

面对强大的前秦，东晋朝廷上下，甚至民间，都慌乱成了一片，因为两边实力悬殊，基本战无可战。唯有谢安风雨不动安如山，在乌云压城之际，照常诗酒聚会，谈笑如常。大家看谢安如此胸有成竹，也就渐渐地各自安心了，朝廷与百姓的生活都渐渐回到了正轨。谢安以一人之情绪，安定了举国之情绪。

当然，这种淡定并不是装腔作势，谢安面对强敌，排兵布阵，已有应对措施。他早在数年前，就让谢玄主持军事改革，招募训练了劲旅部队“北府兵”。此时北府兵成了他出奇制胜、一招制敌的杀手锏。

可是，军中将领却不像百姓们那么定心。

要知道，虽然北府兵的战斗力很强，但总共不过五六万人，面对苻坚的百万大军，不啻为螳臂当车。各大将领纷纷来找谢安讨主意，想问问谢丞相如此稳如泰山，到底是有何妙计。谢安依旧不谈军事，只是与诸将聚会聊天，众将也受了谢安的感染，相信谢安定有妙计，于是军心也就变得无比稳固、无比踏实。

直到出兵前夜，谢安才召集诸将，面授机宜。何人正面迎敌，何人半路包抄，应在何处与敌人决战，一一安排妥当，众将满怀信心而去。

所谓“运筹帷幄，决胜千里”，战局发展果然都在谢安预料之中，最终谢玄突出奇兵，带北府兵主力横向包抄，切断敌人的左路支援，在淝水与前秦主力展开决战。

前方战火连天，后方战报频传，作为战役总指挥，谢安端坐家中，气定神闲地看着快马送回的战报。

这时，一位朝廷大臣实在担心战局，在家中坐卧难安，便跑到谢安家来等消息。

谢安看着满面焦虑的同僚不由得呵呵一笑，让他不必如此紧张，并陪着他在院子里下起棋来。

那位大臣陪着谢丞相下棋，心里却牵挂着前方战局。他深深明白，此时正是生死攸关之际，谢玄一旦战败，东晋王朝立刻就会土崩瓦解。他实在忍不住便开口问道：“丞相以为前方可胜否？”

谢安看看他，只是淡淡一笑说：“下棋！下棋！”

那位大臣没有办法，只得应付着继续落子。棋不知下了多长时间，他已经是满心煎熬。

就在这时，八百里加急战报飞快送到。那位大臣看着驿使把战报上呈谢安手中，握着棋子的手也不禁发抖，他知道此时此刻这封战报的结果决定着数千万人的生命。

谢安只是扫了一眼战报，就随手放在了旁边，脸上的表情甚至没有丝毫的变化，只是拈起一颗棋子，举重若轻地放在棋盘上。

那位大臣觉得心都要从嗓子眼里跳出来了，他实在忍不住，小心翼翼地用颤抖的声音问：“丞相，怎样了？”

“嗯 。”谢安略略沉吟了一下，才把目光从棋盘上移开，然后平静地说，“小儿辈已大破贼矣。”

说完，谢安起身回了内室，只剩下那位紧张到快要崩溃的大臣无比崇敬地看着他起身离去的背影。谢安的从容与淡定从此成为举世的美谈。

不过，据那位大臣事后回忆，他看到了谢安从容离去时的一个细节：谢安进门的时候，脚上的木屐被门槛绊了一下，一只鞋跟掉了下来，可谢安却不知道。这说明谢安的内心也是激动万分，波澜万丈。

然而，谢安却很好地控制住了这种激动、欢喜与兴奋的情绪，让内心的暴风骤雨的紧张化作脸上的春风化雨的淡然，长久地滋润着王朝、百姓与土地。

谢安领导的淝水之战是历史上以少胜多的经典战役，挽救了危如累卵的东晋王朝，实现了儒家知识分子“达则兼济天下”的人生理想。更加难能可贵的是，功勋卓著的谢安并不居功自傲。他立德立功，先是平乱改革，淝水之战后，则不在乎个人荣辱，功成身退，更是儒家知识分子“穷则独善其身”的典型。

谢安一生，不论困顿、不论腾达，不论惊险、不论失意，他始终能保持一种平淡而从容的心境，始终很好地控制自己并善意地影响着周围的人。后人以为，历数历代英雄豪杰，论气度之雍容，无人可出谢安之右。

所以，要论“史上最完美的男人”，还是谢安实至名归。

沧溟先生如是说

人面临困境与逆境时，第一要义是要学会冷静；人处于顺境时，第一要义则是要学会平静。

一个能够控制自己的情绪的人，才是一个可堪大用的人。失去了对自己情绪的控制，得意便会忘形，必致失败；失意便会一蹶不振，终致无成。所以，学会控制情绪，也是一门修身的功夫。

第十七讲

退一步海阔天空

天称其高者，以无不覆；地称其广者，以无不载；日月称其明者，以无不照；江海称其大者，以无不容。

——曹植《求通亲表》

中国人的处事格言中，有一句话叫“忍一时风平浪静，退一步海阔天空”。其中蕴含的哲理十分深刻，在世界上也不乏共鸣者。法国大文学家雨果就曾经说过：“世界上最宽阔的东西是海洋，比海洋更宽阔的是天空，比天空宽阔的是人的胸怀。”

清朝时，安徽桐城有个著名的家族，父子两代为相，权势显赫，就是张家的张英、张廷玉父子。

康熙年间，张英在朝廷任文华殿大学士、礼部尚书。老家桐城的老宅与吴家为邻，两家府邸之间有块空地，供双方来往通行之用。后来邻居吴家建房，要占用这个通道，张家不同意，双方将官司打到县衙。

县官考虑到纠纷双方都是官位显赫的名门望族，不敢轻易了断，案子一时悬而不决。

在这期间，张家写了一封信，送给已在北京当大官的张英，希望张英能够出面干涉此事。张英收到信件后，修书一封，信中给家人写了四句话：

千里来书只为墙，让他三尺又何妨？

万里长城今犹在，不见当年秦始皇。

家人看罢信，领悟了张英的良苦用心，主动后退三尺。吴家见状，深受感动，也主动让出三尺，这样就形成了一个六尺宽的巷子。两家的礼让之举和张家不仗势欺人的做法被传为美谈。这就是对“退一步海阔天空”的最佳诠释。

人的财力有厚薄，人的能力有大小，但是乐善好施之心不受影响，宽容大度之量不受局限。

东晋名将陶侃的母亲湛氏，以教子有方、宽厚待人著称，与孟子的母亲、欧阳修的母亲、岳飞的母亲一起被称为中国古代“四大贤母”。

陶母早年丧夫，以纺纱织麻抚养陶侃，并供其读书。她不仅以忠顺勤俭影响儿子，更是教育儿子交朋友时要友善待人。

一次，同郡孝廉范逵途中遭遇大雪，借宿于陶家。科举出现之前，举孝廉是极为重要的人才选拔机制，因而范逵也是当地的名人。

为了款待客人，陶母将自己床铺上的草席剁碎了，喂养范逵的马，又偷偷剪下自己的头发卖给邻居换钱，买来酒菜招待范逵。范逵得知真相后大为感动，也由此对陶侃的品性有了更多的了解。

关于陶母的另一个故事就是“封坛退鲊”。

《晋书·陶侃母湛氏传》中记载的这个故事发生在陶侃任浙江海阳县吏之时。当时陶侃负责监管渔业，于是便常有下属送一些水产给他。

一次，一位下属送来一坛腌鱼。陶侃念及母亲一生贫苦，便嘱托同乡将腌鱼带给母亲。谁知道陶母却原封不动地将腌鱼退了回来，并写信告诉陶侃：“尔为吏，以官物遗我，非惟不能益吾，乃以增吾忧矣。”陶母说，你身为官吏却把官府的东西送给我，这样做不仅没有好处，反而会增加我的忧愁。

正是在陶母的熏陶之下，陶侃不仅成为一代名将，他的廉洁勤恳也为世人所称道。

作家老舍也有这样一位好母亲，对他进行言传身教，让他懂得交友、处事的方法。

老舍从小生活在北京西城的大杂院里，生活清贫，全靠母亲给人缝洗衣服和充当杂役的微薄收入过活。大家的日子过得谈不上富足，但有事相互帮扶，可以说是其乐融融。

后来，老舍渐渐有了名气，但他没有因此嫌贫爱富，忘了老朋友。有时候碰上多年不见的穷伙计，老舍甚至不惜去当铺把自己冬天要穿的棉大褂当了换钱，去小馆子，和老朋友撮上一顿。饭菜不一定是什么山珍海味，可是席间洋溢着的浓浓的友情，却是温暖感人。

晚年的老舍仍住在北京，除了创作，不时与老友相聚便成了最让他快乐的事情。

这时候，他已经有了一座属于自己的小院儿。逢年过节，或是小院里百花盛开的时候，他的家就变成了欢乐的海洋，赏花、作画、喝茶、品酒、谈天说地，主人与宾客们欢聚一堂。

除了一些著名的文学家、艺术家以外，老舍的小院里还经常出现一些奇特的客人，他们大都是年逾花甲的老人，有的还领着个小孩。一见到老舍先生，他们就照旗人的规矩，一边作揖行礼，一边还高声说着：“给大哥请安！”老舍常常会立刻将他们扶起：“别、别这样！现如今不兴这一套了。快坐下，咱哥儿俩好好聊聊。”

旁观者不明白，便偷偷问老舍。老舍跟他们解释道：“这些都是几十年的老朋友了，打小儿就在一块儿，当年有给行商当保镖的，有在天桥卖艺的……他们就是我的《我这一辈子》《断魂枪》《方珍珠》中人物们的原型啊！”

老舍之所以能够和这些人打成一片，成为一辈子的朋友，离不开母亲的影响。孕育和影响老舍人生观的一位重要人物，便是他的母亲。

老舍的母亲有着公认的好人缘，她会在许多婴儿出生第三日为其洗身，穷朋友们可以因此少花一笔钱。她还会刮痧，给孩子们剃头，给少妇们绞脸。凡是她能做的，一定都有求必应，谁家有事要帮忙，她也总是跑在最前头。

有客人来，无论手头再怎么拮据，老舍的母亲也要设法弄一点东西去款待客人。她宁可自己吃亏，也不斗气。这一切，老舍都看在眼里记在心里，融入他自己日后的生活里。因此，每当想起母亲的时候，老舍就满怀深情地说：“从私塾到小学，到中学，我经历过起码有百位老师吧，其中有给我很大影响的，也有毫无影响的。但是我真正的老师，把性格传给我的，是我的母亲。母亲并不识字，她给我的是生命的教育。”

沧溟先生如是说

中华民族自古以礼仪之邦闻名于世。谦让、讲礼，严于律己、宽以待人是亘古不变的美德。

今天，中国经历了人类历史上规模最大的现代化进程，过去的熟人社会已转为陌生人社会，但许多为人处世的人生法则依然有其深刻的意义。

第十八讲

稳当与老到

打仗不慌不忙，先求稳当，次求变化；办事无声无臭，既要精到，又要简捷。

——曾国藩《曾国藩家书》

晚清的曾国藩，不仅被人称为中国近代史上“最后一代大儒”，而且还被人称为当时的“行动大师”与“智慧大师”。

曾国藩对于处事之道特别有心得，不仅有办事“五到之法”的家训名言，而且以处事稳当、老到著称。

稳当是讲究基础扎实，稳扎稳打，这一点从他带兵作战就可以看出来。湘军最著名的治军策略叫作“扎硬寨，打死仗”，就是绝不投机取巧，在立于不败之地后再根据形势的变化随机而动。但是不论怎样变化，做好扎实的基本功是一切行动的前提，这一点也是湘军从一支地方武装慢慢发展成当时最重要的军事力量的根本。

至于办事老到的一面，从曾国藩裁军一事最能看得出来。

1864年，曾国藩的弟弟曾国荃率湘军攻下天京（今南京），标志着太平天国运动彻底失败。当晚，胜利的消息传来，曾国藩不仅没有喜形于色，反而整整一夜都“绕室彷徨，彻夜不眠”，然后他做了一个惊人的决定——裁撤湘军！

那边刚刚大获全胜，紧接着就是裁军，湘军将领得知消息后群情激愤，甚至有造反的暗流涌动。但曾国藩不管那么多，他既是一个十分谨慎的人，同时又是一个雷厉风行的人。

曾国藩毕生喜欢下围棋，下棋讲究棋看数步远。对于裁军这件事，曾国藩早在两年前就谋划好了。那时湘军中最精锐的曾国荃一部已经攻到了天京城下，曾国藩在家信中就与弟弟探讨过要裁军的想法。所以他在大胜之夜决定裁军，并不是一时心血来潮的念头。

那么曾国藩为什么要主动裁军、自解兵权呢？答案只有一个——不能功高盖主，还是早寻退路。

曾国藩在家书中曾对弟弟袒露心扉，说“长江三千里上下，几无一船不挂曾字旗”，这既说明曾家之势大，也实在让人不能不担忧。如今大功告成，却也正是“狡兔死，走狗烹；飞鸟尽，良弓藏”之际，要早做打算。

虽然曾国藩已经深谋远虑地早做了打算，但在大功告成之际突然裁军，湘军内部阻力之大仍然出乎意料。虽然内部阻力大，外部的阻力却基本为零。当时慈禧垂帘听政，这个精于算计的女人对曾国藩早就有了提防之心。现在湘军大功告成，她正不知拿这支虎狼之师如何是好,曾国藩却突然主动提出裁军，正中慈禧下怀。

然而，朝廷虽然对曾国藩此举大为赞赏，兄弟们却心有不甘。曾国藩虽然已经有了裁军之心，但做起来还是应该谨慎再谨慎，不能操之过急。但事态的发展却逼得向来谨慎的曾国藩突然下起狠手来。

原来曾国荃部攻下天京后大肆烧杀劫掠，把天京城变成了人间地狱。朝廷下旨点名斥责了曾国荃，还让曾国荃把在天京劫掠的财富上交，更声称要审查湘军十几年来的经费账目。这一下曾国荃委屈大了，攻下天京的湘军将士内部也群情激愤。另外，太平军重要将领李秀成被俘后，不降清廷，却愿降曾国藩，甚至鼓动曾国藩说，只要曾国藩肯反清，他愿召集散布于天下的二十万太平军为曾国藩效力。

此刻的曾国藩就像坐在一个火山口上，稍有不慎，就会麻烦不断，甚至惹祸上身。他分析了复杂的形势，以一招胜无数招，就是立刻裁军。

慈禧当然支持曾国藩裁撤湘军，但在朝廷的圣旨里却明确地说“不可裁撤太骤”，另外还建议曾国藩“留精壮补绿营”，就是可以把裁下来的精兵补充到清政府的绿营军里去。但对这些建议，曾国藩统统不予采纳。

湘军 1864 年 6 月攻下天京，曾国藩 7 月即刻裁军，首先裁掉湘军核心中的核心、曾国荃吉字营五万人中的两万五千人，天京城中只留一万人守城，城外留一万五千人。到了 1865 年 2 月，天京城中守城部队就裁得只剩两千人。紧接着，曾国藩又在全国范围内裁撤湘军二十万，到最后曾国藩可以调动的湘军只剩区区六千人。

在裁军的同时，他力劝弟弟曾国荃称病辞职回乡。曾国荃向来自负、狠辣，心里一百个不情愿，不服气。

这时，曾国藩几十年如一日的长兄为父式的教育发挥了奇效。曾国荃受大哥苦口婆心教育数十年，虽然想不通，虽然憋屈得很，但还是不能不听大哥的话。正好，裁军时赶上曾国荃的生日。曾国藩亲自为弟弟操办生日宴，还费尽心思在生日那天为弟弟写了二十首庆生诗。生日宴当场，曾国荃读着哥哥为自己写的诗，不禁放声大哭。把一肚子委屈与愤愤不平宣泄之后，曾国荃还是听了大哥的话，收拾东西回老家了。

曾国藩送走了弟弟，裁掉了精锐，紧接着又摆出了一个让人意想不到的高姿态——朝廷及各地供应湘军军饷的数百万两白银不再要一分——我曾国藩洁身自好，第一就是在这个“钱”字上下功夫！

要知道，大清军队吃空饷是最常见的一种腐败行为，不主动想方设法地贪已经算是清廉，白给也不要的更是闻所未闻。

朝廷同意曾国藩裁军，但并没有指示各地停止供饷，因为裁军是一件更花钱的事。那是一支久经沙场的虎狼之师，要是没钱来安顿，随时可能哗变，可能造反。但曾国藩早有预算，据说他早就开始准备裁军的费用，总共筹集了五百万两之巨。当然也有学者质疑这个数字，但曾国藩深谋远虑早有安排却是肯定的。

曾国藩主动裁军，主动劝弟辞职，主动拒绝庞大的财政拨款，着实感动了慈禧。慈禧感叹说，曾国藩真是千古难见的大忠臣。曾国藩的做法不仅感动了慈禧，也感动了天下人。

“打仗不慌不忙，先求稳当，次求变化；办事无声无臭，既要精到，又要简捷。”曾国藩稳当、精明、老到的办事之法，从裁军这件事中就可以看得很清楚了。

沧溟先生如是说

兵法讲究“诡道”，但为人处事，“诡道”却是大忌，因为诡诈机变必定会让人养成投机取巧的习惯。投机者久必为人所趁，取巧者久必失其根本。

所谓“日久见人心”，失掉了做人做事的根本，终究会一败涂地。所以稳当为本，次求变化；虽要精明，更要老到。

第十九讲

阴谋与阳谋

智术仁术不可无，权谋术数不可有。盖智术仁术，善用之以归于正者也；权谋术数，曲用之以归于谲者也。

—— 姚舜牧《药言》

中国人喜欢讲“三思而后行”，又喜欢说“谋定而后动”。关于“三思而后行”，我们前面已谈过，但“谋定而后动”，也值得细细琢磨。

既然说“谋”，就包含着策划与谋略；而谈到谋略，又有“阴谋”与“阳谋”之别。

中国文化是极讲究谋略的，《孙子兵法》自不用提，就算是历史演义小说《三国演义》，其中谋略纷呈，千变万化，同样让人叹为观止。据说美国人进行海湾战争的时候，很多带兵将领就人手一本《三国演义》。如此说来，中国人的演义小说，似乎也成了美军的谋略教科书。

从《三国演义》中，确实可以看出“阴谋”与“阳谋”的区别来。

比如说，诸葛亮智激周瑜，这就是阳谋。

曹操率百万大军陈兵赤壁，鲁肃请诸葛亮作为刘备的代表来说服周瑜，希望孙权和刘备能够联盟，共同抗曹。

鲁肃一见到周瑜，就问周瑜是战是降，周瑜说降。鲁肃大为着急，立刻脸红脖子粗地与周瑜争论起来。而诸葛亮却只是在一旁冷眼旁观，并不吭声，等到周瑜问他，他才笃定地说鲁肃没见识。

鲁肃被诸葛亮说得恼火，本来请诸葛亮来是要争取联合抗曹的，哪知他却临时反水，支持起周瑜来了。

诸葛亮不慌不忙地接着说，其实江东不用紧张，只需派出两个人来，即可退曹操百万大军。

这一下勾起了周瑜的兴趣，便问是哪两个人。

诸葛亮对周瑜说，我在隆中的时候就听说曹操大兴土木，建了座“铜雀台”，意欲广选天下美女于台上。曹操本是好色之徒，听说江东有两大美女，一个是大乔，一个是小乔，曹操的心愿就是要把二乔迎回铜雀台上，所以才大张旗鼓地兴兵来攻伐江东。

周瑜听了只是冷笑，并不受激，而是反问：“不知先生此说有何凭据？”

诸葛亮很认真，也很天真地回答说：“有曹操命儿子曹植写的《铜雀台赋》为证啊。其中就有两句：‘揽二乔于东南兮，乐朝夕之与共！’中原之地，人尽皆知啊！”

话音刚落，只见周瑜勃然大怒，发誓与曹操不共戴天，于是孙刘联盟成，赤壁鏖战始。

原来，大乔是吴主孙权的妻子，小乔正是周瑜的妻子。诸葛亮智激周瑜，轻描淡写便胜过鲁肃费尽口舌。

难道诸葛亮真的不知道二乔是什么样的人吗？他只是装作不知道罢了！

难道曹植真写过“揽二乔于东南兮，乐朝夕之与共”的诗句吗？据史学家考证，真正的《铜雀台赋》里并无此句，看来多半也是孔明先生的杜撰罢了。

既瞎掰，又装傻，诸葛亮这样智激也能叫阳谋吗？

阳谋的关键就在于出发点与目的都具有正义性，所作所为都有着正当的缘由，而手段就算出人意料，也并不损害大多数人的利益。以此观之，诸葛亮的装傻充愣、信口开河倒的的确确算是阳谋。

反过来，周瑜设计陷害诸葛亮，逼得他草船借箭，这就是阴谋了。

周瑜发现诸葛亮才学惊人，便十分妒忌，想笼络他，却又遭到诸葛亮的拒绝。当时天下群雄逐鹿，孙权、刘备也只是因为曹操的压力而暂时联合。周瑜算定抗曹之后，刘备与诸葛亮必成心腹大患，所以决定先下手为强，除去诸葛亮这样的潜在对手。

可当时孙权、刘备已然联盟，周瑜不好明里下手，于是只得用计谋。他命诸葛亮三日之内监造十万支雕翎箭，并用话语挤兑诸葛亮，让他立下军令状，如果不能完成任务，则必须献上项上人头。

周瑜自以为计谋得逞，因为三日之内造出十万支箭，是一个不可能完成的任务。这样一来，他就可以名正言顺地杀掉诸葛亮，以除后患了。

可是诸葛亮上知天文，下晓地理，算定三日内江上必起大雾，于是趁大雾驾草船佯装进攻曹兵。曹兵不知情况，不敢贸然出战，只能拼命放箭，诸葛亮“草船借箭”，不费吹灰之力就让周瑜的阴谋落空了。

那么，为什么周瑜此计就是阴谋呢？

因为阴谋最大的特点就是基于私利而设计的谋略，其中包藏着个人的险恶用心，而实施的手段又一定是见不得光的。即使表面冠冕堂皇，但背地里也一定有着不可告人的阴暗之处。

周瑜出于妒忌心而要加害诸葛亮，甚至不顾孙、刘联盟抗曹的大局，手段又极其阴险，若非诸葛亮智高一筹，难免遭其暗算。

当然，这样的阳谋与阴谋其实只是小说家的演绎。历史上真正的周瑜胸襟磊落，只善阳谋，从不用阴谋。而草船借箭的妙计也非孔明所为，而是那位看上去既不会阴谋也不会阳谋的吴主孙权想出来的。

所以，想要看穿历史的迷雾，就像看穿阴谋一样，都需要一双慧眼！

明代学者姚舜牧在所著《药言》中说：“智术仁术不可无，权谋术数不可有。盖智术仁术，善用之以归于正者也；权谋术数，曲用之以归于谲者也。正谲之辨远矣，动关人品，慎诸！”其中，“智术仁术不可无”，说的就是阳谋；“权谋术数不可有”，说的就是阴谋。

所以，为人善谋，当善阳谋；为人善谋，当防阴谋！

沧溟先生如是说

人是万物之灵长，是有智慧的动物，善于谋略正是有智慧的表现。

中国是一个善于谋略的国度，为人处事，善谋用智，本无可厚非。但心分明暗，谋亦分阴阳。智术仁术是阳谋，这不可少；权谋术数是阴谋，这不可有。所以，为人善谋，当善阳谋！为人善谋，还需防阴谋！

第二十讲

一失足成千古恨

有一言而贻祸百年者，有一事而流毒四海者……以一人之私，坏天下之公也。

——胡达源《远小人》

人生最怕“一失足成千古恨”！

最容易导致“失足”的两个因素：一是环境恶劣时外力的压迫，一是内心深处的私欲诱惑。

面对恶劣的环境与外力的压迫，一般人虽然有些力不从心，但古来英雄豪杰则往往遇强则更强，遇难则挺身而上。逆境里的奋发向上使人才脱颖而出，而内心私欲的战斗看起来虽比外在的挣扎平静得多，可实际上却更为凶险，更难取胜。

所以两者相比较，内心私欲的诱惑更难抗拒，更容易造成“一失足成千古恨”的恶果。

中国近现代历史上，有两个人的人生就是“一失足成千古恨”的典型。

一个是被称为“窃国大盗”的袁世凯，一个是被称为“汉奸之首”的汪精卫。

袁世凯，河南项城人。据说他出生的那天，他的叔祖袁甲三率军与捻军交战而获胜，战报传至家中，袁家举家欢庆，刚好这时袁家有婴儿出生，父母便为他取名“世凯”，以纪念这次军事上的胜利。袁世凯自幼胸怀大志，尚武不尚文，常以“世凯”之名自我勉励，想要在乱世中有一番大作为。

后来，袁世凯科举考试失利，落榜后他反而写了一首《言志》诗自勉：

眼前龙虎斗不了，杀气直上干云霄。

我欲向天张巨口，一口吞尽胡天骄。

随后，他一把火烧掉此前的诗书文章，投笔从戎，成为李鸿章所率领的淮军中的一员。

1882 年，朝鲜内乱，中国作为朝鲜的宗主国派兵帮助平叛。年轻的袁世凯随军前往，一到朝鲜就崭露头角。他处事果断，治军有方，迅速平叛，受到朝鲜上下的一致认可。

清政府于是委以重任，让二十出头的袁世凯留镇朝鲜。

后来朝鲜又有多次动荡，袁世凯均能处置有度，不仅保证了朝鲜局势的稳定，还多次挫败了日本人渗透朝鲜的企图。李鸿章曾评价他“力持大局，独为其难”，认为年轻的袁世凯是个奇才。

甲午战争之后，袁世凯回到天津小站练兵，创立北洋新军。这是中国近代史上最重要的一次军事改革，他的新军也成为当时战斗力最强的部队，为他后来的政治崛起奠定了基础。

后来，辛亥革命爆发，清王朝岌岌可危，袁世凯这时手握重兵，已是一方诸侯。在关键时刻，他看准时机，逼迫清帝退位，获得革命党人的认可，继而在孙中山之后，成为中华民国大总统。

如果此时的袁世凯能认清历史发展的潮流，去顺应时势的话，他即使没有什么太大的作为，也能青史留名、万古流芳。可是，他内心深处有一个让他难以抗拒的皇帝梦。成为总统与做一回皇帝，仿佛其间只差一步小小的距离，然而就是这个致命的诱惑让袁世凯最终背上“窃国大盗”的恶名。

袁世凯虽然实力雄厚、诡计百出，可他毕竟是逆历史潮流而动，在革命党人多次的护国讨袁运动中，袁世凯只过了八十三天的皇帝瘾，就因惊吓过度惶惶而终。

汪精卫，原名汪兆铭，自取笔名精卫，有“精卫填海，许身报国”之意。汪精卫早年即投身革命，曾经参与创建同盟会，是孙中山的左膀右臂。

辛亥革命前夕，年轻的汪精卫只身刺杀清摄政王载沣，后被捕入狱，生死之际，他在狱壁之上留下绝笔之作：

慷慨歌燕市，从容作楚囚。

引刀成一快，不负少年头！

当时的汪精卫如果舍生取义，那一定名垂青史，与陈天华、林觉民一般，受后人景仰。可是绝处逢生，反而使得汪精卫走上了另外一条人生道路。

辛亥革命爆发后，汪精卫死里逃生。孙中山逝世之后，作为曾经的革命党功臣、同盟会元老孙中山的左膀右臂，汪精卫一下成了国民党的核心人物之一，他也常以“总理之后，一人而已”自命，以为自己是孙中山之后领导国民党的不二人选。可是，蒋介石横空出世，抢夺了国民党与国民政府的控制权，这让汪精卫大为不满。此后数十年，与蒋介石的明争暗斗，成为汪精卫最大的心结。

汪精卫与蒋介石先是在北伐战争中各立政权，互不服气。后来，汪精卫又联系各方军阀反蒋，终至失败。

直到 1936 年西安事变，汪精卫以为机会难得，要取蒋介石而代之，可希望终又落空。汪精卫在与蒋介石的个人争斗中始终落后一着，这让他郁郁不平，终于走到了一失足成千古恨的边缘。

抗日战争爆发后，日本人利用汪、蒋矛盾，刻意拉拢汪精卫。在民族大节与个人私欲之间，曾经聪明一世的汪精卫却糊涂一时地选择了后者，叛国投降，为日本人所利用，最终沦为世人唾骂、千夫所指的头号汉奸。随着日本人的败亡，汉奸汪精卫惶惶如丧家之犬，可悲又凄凉地死在了异国他乡。

正如清代学者胡达源在《远小人》中这段名言所说：“有一言而贻祸百年者，有一事而流毒四海者……以一人之私，坏天下之公也。”

袁世凯、汪精卫，曾经是被世人所瞩目的人杰，后来的所作所为却流毒四海，贻患百年。究其根本，都在“以一己之私，坏天下之公”！后来人，当以此为鉴！

沧溟先生如是说

人生最怕“一失足成千古恨”，最容易“失足”的时候，要么是外在环境的压迫，要么是内心私欲的诱惑。

面对外在的压迫，许多人反而能够于逆境中奋起，可面对内心的私欲，要战胜它反而困难得多。所以儒家讲究修身之道，能够在“我与我周旋”中实现自我超越，才是人生的大智慧。

第二十一讲

小聪明不足以成大事

临大事，断大义，正道以当之……速机可以回小事，沉机可以成大计。

—— 苏瓌《中枢龟镜》

聪明与智慧，根本就不是一回事，而且也不成正比关系，甚至它们之间有时是反比关系。这也就是说，表现得越聪明，就离智慧越远；而真正的智慧，往往是大智若愚。

史上最聪明的孩子，非方仲永莫属。方仲永五岁即无师自通，提笔成诗，出口成诵，大家皆以“天才”“神童”视之。他的父亲奇货可居，带着他到处卖弄，方仲永自己也乐此不疲，把少年的聪明表现得淋漓尽致，结果几年之后，就“泯然众人矣”。

王安石之所以写下千古奇文《伤仲永》，是因为他与方仲永同岁，年少时两人已是好友，王安石自己也是“读书一过目，终身不忘”的天才级神童。可是，王安石从不卖弄自己的聪明，他年少即觉读书不够，遂拜别父母，独自外出求学。

到了学校，王安石虚心地向老师请教，如何才能写出好文章？如何才能有一支生花妙笔？

老师笑了笑，拿出一筐毛笔，对这个认真的少年说，这里面就有一支传说中的生花妙笔，只是不知道你是否能够找到。

王安石将一筐毛笔拿回宿舍，二话不说，铺开笔墨纸砚，立即开始勤奋写作。

同学们都笑他傻，说这个世界上哪有什么生花妙笔，可是王安石只是一笑，完全不顾别人的嘲讽，每日勤奋依旧。

整整三年，王安石避居山中不出，写秃了筐里的所有毛笔。然后，他来辞别老师，认真并满怀感激地对老师说："我已经找到我的那支生花妙笔了！"

难道王安石没有嘲笑他的那些同学聪明吗？肯放下聪明的王安石才是真正有智慧的人！

王安石学有所成，拜别恩师，参加科举考试，文章惊天下，才学震当世，从此开始了一代名臣的人生历程。他的伟大政治家的辉煌人生，并不是从天赋异禀开始的，而是从放下聪明、脚踏实地开始的。

可以说，不是他的聪明与天赋，而是他的求学与努力，才是成就他人生辉煌的关键。

方仲永、王安石，两个同年、同乡、同时代的天才少年，最终走出了不同的人生道路，只是因为他们面对聪明有着不同的人生态度。

所以太聪明，未必是好事，尤其是年少时就表现得很聪明，并为这种聪明沾沾自喜。

我们都知道苏东坡那首著名的《洗儿诗》：

人皆养子望聪明，我被聪明误一生。

惟愿我儿愚且鲁，无灾无难到公卿。

另一个本来“愚且鲁”却最终达到人生巅峰的著名例子，就是被称为“晚清中兴名臣之首”的曾国藩。如果说少年的王安石是肯放下聪明的话，那么少年曾国藩就是真的不够聪明了。

湖南民间一直流传着一个“笨小孩”的传说。是说曾国藩十三四岁的时候，有一年冬天，大概期末考试前，他点着灯，在屋子里埋头苦读。巧的是，那一天刚好有个小偷到他们家偷东西，这个小偷就趴在曾国藩所在的这间房子的屋梁上。

小偷打算得挺好，看这孩子在下面背书，听上去也不是一篇特别长的文章，心想他顶多背一会儿，等他背完熄灯睡觉了，再悄悄地下去偷东西。

这个小偷计划得不错，可是让他意想不到的是，一篇短短的文章，这个孩子在底下翻来覆去背了无数遍，还是背得磕磕巴巴。

小偷实在困得不行了，就趴在房梁上睡了一觉。等他睡醒了一看，这孩子还在底下背书。小偷没办法，只好接着睡。这样醒了睡，睡了醒，折腾了大半夜，这孩子还没背会。这个小偷忍不住一下从房梁上跳了下来。

要说曾国藩是真的不够聪明，他看着这个从天而降的小偷竟然不知所措。小偷居然把书从他手中夺了过来，说这篇文章到底有什么难背的，我背给你听听。说完，小偷一张口，把这篇文章流畅地背诵了一遍。

原来，这个小偷趴在房梁上听了大半夜，醒着听，睡着也听，听了无数遍后，连他都会背了，可是曾国藩却还是不会背。背完后，小偷“啪”地把书一扔，指着曾国藩又说了一句：“笨成这样，读什么书啊！”说完，一掀门帘，走了！

这个故事流传甚广，其给人最大的启迪是——那个小偷确实比曾国藩聪明得多，但他最后仍旧是个小偷。而那个背书比小偷还慢得多的曾国藩，却最终成为一代大儒。

所以，曾国藩晚年教育子女时曾坦言自己不是一个聪明的人，但正是因为不够聪明，才时时努力，时时自省。

他说，自己从来不跟别人攀比，因为不够聪明，要比也比不过。况且一山还有一山高，要比也比不完。他从来都只是跟自己比，跟自己的昨天比，跟自己的前一刻比，只要比昨天的自己、前一刻的自己进步一些，哪怕一小步，也是新高度！这样，人生坚实地走到最后，一抬头，你就会发现，不知不觉间，你已经“会当凌绝顶，一览众山小”了！

这才是人生的大智慧——聪明不足以成大事。

本文开头所引唐中宗时代宰相苏瓌的家训名言，意思是说要处理重大事件，判断大是大非，只有一身正气，运用大智慧方能胜任。要知道小聪明可以应付小事，只有大智慧才能成就千秋大业。

沧溟先生如是说

父母都盼望孩子聪明，每个人也都希望自己越聪明越好，但现实生活中“聪明反被聪明误”的例子着实不少。

事实上，聪明与有智慧根本不是一回事，乃至不成正比关系，有时甚至形成反比关系。人要肯放下聪明，才能脚踏实地，才能得窥智慧，这就是大智若愚的道理。

第二十二讲

人生风雨只需从容面对

风波之来，固自不幸，然要先论有愧无愧。如果无愧，何难坦衷当之？此等世界，骨脆胆薄，一日立脚不得。

—— 孙奇逢《孝友堂家训》

在华夏文明史上，明朝实在是一个奇特的朝代。

明朝宦官乱政，特务横行，皇帝喜胡闹，文人则吵架成风，内阁权臣之间甚至拳脚相向，实在让人啼笑皆非。而明朝又别有傲骨，别有遗风，终一朝二百七十六年，不和亲，不赔款，不割地，不纳贡，天子守国门，君王死社稷，何其贞固！何其卓然！

读明史，令人慨叹宦官专权，也令人慨叹文人气节凛然，其中有两人更是大明气节与傲骨的缩影。这两个文人，说是文臣，却又指挥过战争史上最为经典的战役；说是居功至伟，他们的结局却又同样地悲惨！

他们一个叫于谦，一个叫袁崇焕。

于谦留下了著名的“两袖清风”的典故。那时宦官王振专权，不送礼、不套近乎的地方官员都会受到排挤打压。于谦从山西任上回京述职，手下劝他："王振睚眦必报，气量狭小，您就是不送金银财宝，也要带点土特产什么的吧！"

对此，于谦淡然一笑，袍袖一抖，说："要带，唯有两袖清风。"

后来他果然被王振陷害，九死一生。幸亏于谦素有清官之名，百姓为之鸣冤，才躲过一劫。

王振没有害成于谦，却害成了大明王朝。他蛊惑英宗皇帝亲征瓦剌，导致土木堡惨败，明军五十万将士阵亡，明英宗也成了战俘。消息传来，举朝皆惊，况且瓦剌携大胜之势，大举入侵，转眼就到了北京城下，都城与王朝俱岌岌可危。这时，留守的于谦主动担起大任，果断地拥立英宗的弟弟继承皇位，然后整军备战，发誓绝不迁都，并号召全城，军民一心，在北京城下与瓦剌决战。

历史上著名的北京保卫战打响了。在于谦沉稳睿智的指挥下，剽悍狂妄的瓦剌吃尽了苦头却一无所获，终于在大明军民的迎头痛击下仓皇逃窜。于谦以一介文臣领兵，取得了北京保卫战的巨大胜利，保住了大明的江山与社稷。

可是这种胜利的代价，是选择放弃了被俘的明英宗。最后英宗大难不死，居然活着逃了回来。英宗复辟，又重新夺回了皇位，之后他做的第一件事便是把复仇的怒火烧向了于谦。

在他曾经誓死保卫的城池前，于谦英勇就义。可即便是临刑前，于谦也神色从容，淡定而平静。他心中无愧，对得起江山社稷，对得起列祖列宗，相信历史一定会给他清白，就像他在自己写的那首千古名作《石灰吟》中所表明的那样。

千锤万凿出深山，烈火焚烧若等闲。

粉身碎骨浑不怕，要留清白在人间。

于谦死后将近两百年，大明王朝到了江河日下、回天无力的暮年，眼看着后金努尔哈赤日渐强大，眼看着山海关外战火连天、民死城陷，却毫无办法。可是，大明也不是完全没有机会，这时，又出了一个于谦式的文人袁崇焕。

袁崇焕虽是一介儒生，却胸怀大志，关心局势，尤其对辽东战局钻研得很深。后来，他利用进京述职的机会，单骑出关，实地考察，并主动要求放弃优厚舒适的文官生活，赴辽东镇边。

袁崇焕独具慧眼，面对努尔哈赤迅速壮大的势力与不断进攻的态势，定下“守而后战”的主体战略。他力排众议，在关外依城坚守。没多久，努尔哈赤便率主力攻到了袁崇焕坚守的宁远城下。

袁崇焕果然据城死战。在他的激励下，宁远守军一次次挫败敌人的进攻，并用红夷大炮给后金军以重创。最后，连努尔哈赤本人都为炮所伤，不久，就病死在撤军的途中。努尔哈赤临终前曾充满遗憾地说：“自二十五岁起兵以来，征讨诸处，战无不捷，攻无不克，唯宁远一城不下！”

宁远大捷是明军面对后金军的首次大胜，一代雄主努尔哈赤更是殒命于此役。袁崇焕一介文士领兵，以少胜多，以弱胜强，创造了战争史上的奇迹。

后来，袁崇焕一人独撑危局，在宁远大捷后又取得了宁锦大捷，不断给后金以沉重打击。

皇太极主政后，不愿再正面面对袁崇焕，于是绕过袁崇焕的防线，突袭到北京城下。袁崇焕也像当年于谦一样，回军都城之下，与敌人展开了另一场北京保卫战。

也跟当年的于谦一样，袁崇焕最终赶跑了敌人，却迎来了自己的悲惨结局。

崇祯皇帝中了皇太极的反间计，又受了阉党的蛊惑与愚弄，竟然认为袁崇焕有通敌卖国的嫌疑，在北京保卫战后将其处以磔刑。

京城百姓并不知道真伪，只是相信皇帝的诏令，以为袁崇焕是卖国贼，个个恨之入骨。行刑的那天，刽子手每割下他的一块肉，愤怒的百姓就争相食之，其状惨不可言。可面对死亡与愤怒，面对冤屈与误解，袁崇焕只是平静地吟出了自己的绝命诗：

一生事业总成空，半世功名在梦中。

死后不愁无勇将，忠魂依旧守辽东。

于谦与袁崇焕死时，都饱经指责，饱受非议，可他们心中无愧于百姓，无愧于天下，无愧于江山社稷。因为无愧，便死得无惧，死得坦然，死得大义凛然，死得浩气长存。

如今，于谦墓在其故乡——美丽的西子湖畔，他与同葬于此的岳飞、张煌言被后人并称为“西湖三杰”。而袁崇焕的袁督师庙则耸立在北京的龙潭湖公园，上有康有为题写的名联：“其身世系中夏存亡，千秋享庙，死重泰山，当时乃蒙大难；闻鼙鼓思东辽将帅，一夫当关，隐若敌国，何处更得先生！”

所以人生，不必怕“当时乃蒙大难”，只要心中无愧，便无所谓，千秋之后，一定会有“何处更得先生”的呼唤，一定会有无法忘却的纪念！

沧溟先生如是说

人这一生，只要努力做事情，追求人生的价值，就会有想不到的磨难，受不尽的委屈。委屈若丝毫也受不得，磨难就会变成灾难。

所以，哪怕举世寂寂，也要学会坚持内心的操守。只要心中无愧，便无所谓，人生再大的风雨，也只须从容面对。

第二十三讲

十分精神成十分事业

吾人做事，第一须赖学问；第二须靠精神……有十分精神，方能办十分事业。

——胡林翼《致保弟书》

晚清中兴名臣之一，湘军重要首领胡林翼说，有十分精神，方能办十分事业！胡公此言，掷地有声！

而他这里提到的“精神”至少有两种内涵。

一是精、气、神。

“精神”这个词出自《庄子》。

《庄子》中记载老子谈到生命的来源时说：

> 昭昭生于冥冥，有伦生于无形。精神生于道，形本生于精，而万物以形相生。

这是说有形生于无形，生命是从大道所孕育的精、气、神中而来。所以一个生命个体的质量如何，首先要看它所蕴含的精、气、神如何。这也就是说，人生要想有所作为，最重要的一个前提条件，就是你的精神和体魄都应该是健康的。

比如说孔子，之所以能有如此非凡的人生，首先就是因为他身体好，活得长。

孔子不仅是万世师表、文化宗师，还教授学生射箭、驾车等实用课程，也就是说他在担任文化课老师的同时，还兼任体育老师，身体素质不是一般地好。

要知道，孔子后来周游列国十四年，十四年中多数时间他都坐着车在旅途中奔波。

那时候的路不像现在的路，那时候的车也不像现在的车，木车木轮加上崎岖的道路，身体素质稍微差点儿，不要说十四年，颠几个月，恐怕身体早已散架了。

正是因为孔子的身体好，所以他很长寿，一直活到七十四岁。现在来看，这个年龄也许不算什么，但在两千多年前，人的平均寿命只有不到四十岁，所以古时常说“人生七十古来稀”。正是因为身体好，活得长，孔子用人生最后数年的时间，整理了典籍，编撰了“六经”，并因此奠定了他儒家宗圣、文化巨匠的地位。

另一个典型则是人类历史上的“发明大王”爱迪生。

爱迪生一生共有两千多项创造发明，拥有一千多项专利，像电报、电话、电灯、电影，甚至矿业、化工、造纸、建筑诸多领域，都有他的创造发明。他是名副其实的“发明大王”。

爱迪生有一句曾经被广为传颂的名言，就是“成功等于99%的汗水加上1%的天赋”。很多人都以为爱迪生是说勤奋努力才是最重要的，其实他们完全误解了爱迪生的原意。爱迪生原意是，即使有99%的汗水，但只要缺了那1%的天赋，都很难成功，而99%的汗水则需要健康的体魄。

爱迪生为什么这么说呢?

因为那99%的汗水对他来说，根本不算什么。他是一个工作狂，为了做实验，甚至可以七天七夜不休息。没有哪个助手能跟上他的工作节奏，没有哪个人能像他的身体那么棒，能像他的精力那么旺盛。

百年不过三万余日，其中一大半的时间还要用于求学、成长、吃喝拉撒，活了八十多岁的爱迪生一生竟然能有两千多种发明创造，如此高的效率与如此过人的精力实在让人叹为观止。

所以民间有一种说法，说生命就像一张存折，存折上的那个数字可能是一百万，也可能是一千万，甚至可能是一个亿。

不论怎样，在你拥有的一切中，健康与身体就是最前面的那个“1”，金钱、财富、家庭、子女、功名、事业等其他东西都是后面的那些“0”。如果没有最前面的那个“1”，后面即使有再多的“0”，也终究都是空。

二是追求、信仰与精神。

庄子喜欢谈精神，更多的时候还是追求“独与天地精神往来”的至高境界，这里的精神说的也就是人的不懈的追求与信仰。

事实上，古来仁人志士、英雄豪杰，之所以能在困境里奋发，于逆境中崛起，最终建立功勋，最终还是靠的“精神”二字。

金庸笔下的郭靖以一人之力抗击数十万蒙古大军，独守襄阳十数年，靠的是“为国为民，侠之大者”的精神；《西游记》里的唐三藏不畏艰险，不畏妖魔，历经“九九八十一难”方才取回真经，凭的是“舍生取义，普度众生”的精神；美国名作《致加西亚的信》中的罗文，经历九死一生，徒步穿越一个危机四伏的国家，完成了一个信使的使命，凭的是“忠诚敬业，一诺千金”的精神。

不要以为这些都是虚构的人物，他们的原型都是生活中真实的存在。

唐代安史之乱中，张巡临危受命，独守睢阳城，以三千老弱残兵力抗安禄山、史思明率领的数十万叛军，保家卫国，屹立不倒，浩气长存，最终与孤城共存亡，远比郭靖守襄阳要艰难、壮烈得多。

唐三藏的原型是玄奘，他孤身远行，西游取经，历尽磨难，九死一生，身边并无法力强大的孙悟空，也没有憨厚有趣的猪八戒，更没有踏实肯干的沙和尚，一个人孤单的旅程远比唐三藏艰难、枯寂得多。

《致加西亚的信》中的罗文则是实有其人，小说也完全是以他的个人经历写就，他所创造的奇迹与其中所体现的精神，直到现在还是很多企业和团队学习与效仿的经典，这本书也因此被评为“人类有史以来最畅销的书”之一。

一个人的心有多大，世界就有多大；一个人的理想有多远大，脚下的路就能走多远；一个人的信仰有多坚定，人生的境界就有多高；一个人的精神力量有多强大，人生的成就即有多大。

沧溟先生如是说

人生在世，不论做人还是做事，都离不开“精神”这个根本。

一来要有精气神，要有健康的体魄，才有做事的本钱；二来要有信仰与追求，这才是支撑人生的根本。

孟子说“虽千万人吾往矣”，屈原说“虽九死而犹未悔”，凭的都是心中的浩然之气，也就是一股精神。